# 山本五十六 戦後70年の真実

NHK取材班
渡邊裕鴻 Watanabe Yukoh



NHK出版新書
462

山本五十六 戦後70年の真実　目次

# 第二部　遺された手紙

# プロローグ

昭和十六年（一九四一）十二月八日、アメリカ太平洋艦隊の根拠地、ハワイ・オアフ島の真珠湾を、帝国海軍の機動部隊から発進した三百五十機の航空機が急襲した。太平洋戦争の始まり、真珠湾攻撃である。この作戦の立案者にして総指揮官となったのは、連合艦隊司令長官の山本五十六《いそろく》だった。

明治十七年（一八八四）四月、現・新潟県長岡市に生まれた山本は、昭和十四年（一九三九）八月末に連合艦隊司令長官に就任。その翌年より真珠湾攻撃計画を立案した。太平洋戦争の緒戦で大勝利を収めた人物として名高い。

しかしその後、日本海軍はミッドウェー海戦で大敗北を喫し、劣勢に追い込まれる。

昭和十八年（一九四三）四月、山本は航空作戦指揮のためにラバウルに赴き、前線視察、激励のため向かったブーゲンビル島の上空で、米陸軍航空部隊に待ち伏せ攻撃され、五十九歳にして戦死した。

それから七十一年を経た平成二十六年（二〇一四）、山本五十六が自ら認《したた》めた書簡や極秘資料が、大分県立先哲史料館で公開された。古い革製のトランクの中で眠っていたこれらの資料を保存していたのは、山本の生涯の友として知られる海軍軍人の堀悌吉《ていきち》。海軍兵学校の同期で、山本の生涯を語るうえで欠かすことのできない重要人物である。

この堀が遺した資料は、新発見資料を含む自筆の「堀悌吉自伝ノート」他や、太平洋戦争に臨んだ山本がその覚悟を記した直筆の書簡類二十八通。そして、「厳秘」と記された覚え書きなどで、そこには真珠湾攻撃について詳細に記されていた。

月明ノ夜又《また》ハ黎明《れいめい》ヲ期シ、全航空兵力ヲ以テ、全滅ヲ期シテ敵ヲ強（奇）襲ス。（……）敵米主力、若《も》シ早期ニ布哇《ハワイ》ヲ出撃来攻スルガ如キ場合ニハ、決戦部隊ヲ挙ゲテ之ヲ邀《よう》撃《げき》シ一挙ニ之ヲ撃滅ス。

連合艦隊司令長官の山本が、もともと日米開戦に反対であったことは、よく知られている。親友の堀に宛てた手紙には、それでも対米戦争の最前線に立ち、指揮を執らねばならなかった彼の苦悩が記されていた。

この資料を発見した前・大分県立先哲史料館主幹研究員（現・大分県立高田高校教諭）の安田晃子氏は、次のように語る。

**▼安田晃子氏**

「堀さんがお持ちのものは手紙が二十八通、それと『五峯録《ごほうろく》』といいまして、堀さんが山本さんの真実の姿を後世に残そうということで作った記録が主なものです。それらがきちんと整理されて残されています。

山本さんは、他人に対しては鎧《よろい》を着ていたような気がします。長岡の名誉、山本家の名誉を背負ってひたむきに努力して、どこか外に対しては構えているような印象を受けるのですが、堀さんに対しては、本当に自分が信頼できる相手として、自分の気持ちを素直に伝えられる相手として……。そういう人間関係ではなかったかと思います。

『五峯録』のなかでも書いていますが、こういう資料が表に出ると、山本が対米戦の急先鋒だったに違いない、となりかねない。そうならないために、山本は自分に資料を託したのだ、だから自分は信義に応えると言っているんですね。山本の真実の姿をきちんと伝えていくことが自分の使命なんだ、と。

堀さんは、その信念によって海軍を追われてしまいますし、五十六さんは自分の想いとは正反対の戦争の指揮を執ることになった。戦わずに平和を維持するとか国際協調をするということが、本当はとても難しい、だから努力をしないと、そういう思いは貫くことができないということを、この資料は伝えているのではないかと思います」

『五峯録』という名は、二人の提督に由来している。「五」は山本五十六、「峯」は山本の死後に連合艦隊司令長官となった古賀峯一《みねいち》のことだ。堀は、この『五峯録』を作成した理由を次のように記していた。

その内に山本元帥に関する分は、真実を公にするの必要に迫られるやうになるかも知れないと考へて、場合によっては、他の資料と共に人に示すの準備をして置く方がよからうと思はれるに至った。

近現代史に詳しい作家の半藤一利氏も、現存しないと思われていた原資料（「戦備訓練作

戦方針等ノ件　覚」昭和十六年一月七日記　山本五十六）が発掘されたことに驚きを感じたという一人だ。

**▼半藤一利氏**

「山本五十六という人は何もしゃべっていません。真珠湾攻撃をなぜやったかということは、自分では何もしゃべっていないんですよね。参謀たちにもです。これと、嶋田繁太郎《しげたろう》（日米開戦当時の海軍大臣）宛の手紙二通だけが証明なんです。いや、本物が残ってたのかいな、という驚きでした。

こんな男らしい二人の友情はないんじゃないでしょうか。本当によく残してくれましたね。歴史を意識したんじゃないですか。やっぱりきちんとした形で残しておかなければならないという使命感が、堀さんのなかにあったんじゃないですかね。

たとえば、海軍は三国同盟に反対していた、という大事な事実があります。それは、こういうものが残っているから初めて伝わるのであって、残っていなければ分かりません。あの当時の軍人さんたちは、みんな、歴史というものをきちんと自分で意識していますからね」

かつて山本はアメリカに駐在し、その圧倒的な国力と豊かな資源、優れた先進工業文明を目の当たりにしていた。アメリカの海軍史家イアン・トール氏も、「山本は、アメリカだけでなく、ヨーロッパも広く旅していました。当時、日本軍のどの指導者よりも西洋を理解していたと思います」と指摘している。

それでは山本は、なぜ対米戦争に反対しながらも、真珠湾攻撃を行ったのだろうか。なぜミッドウェーの敗北に向かってしまったのか――。

私たち取材班は、初めて公開された資料をもとに、ややもすると誤解されがちな山本五十六という軍人の真実の姿に迫る番組を企画した。

山本の生涯は、数々の映画や小説でも語られてきたが、私たちは巷《ちまた》に氾濫する五十六像とは距離を置き、あらためて一次史料に基づく描写を心掛けた。また、日米双方の専門家にもインタビューを行い、より多面的な理解を助けるように企図した。その成果が、平成二十六年（二〇一四）夏にNHK・BS1で放映された「BS1スペシャル 山本五十六の真実」である。

幸いにして、この番組は放送直後からご好評を得て、二〇一五年の正月にはアンコール放送する機会を得た。本書はその書籍化である。番組の構成と同じく、真珠湾攻撃を折り返し地点にして大きく二部構成をとっているが、時間の都合上、番組では省略せざるを得なかった情報や分析も盛り込んでいる。主に執筆を務めたのは、今回の番組を企画し、ディレクターとして取材にあたった海軍史家の渡邊裕鴻《ゆうこう》。さらに、NHK取材班を代表して、プロデューサーの塩田純が加筆・監修した。なお、本書に記載するインタビューに応じてくれた方の年齢は、二〇一四年八月の番組制作当時のものである。

平成二十七年（二〇一五）、日本は戦後七十年の節目を迎えた。堀が『五峯録』に書き留めた山本の「真実」は、原本資料の発見によって、ようやく確かなものであることが明らかになった。資料が静かに物語る山本五十六の実像は、時代を超えて変わることなく、現代を生きる私たちの心に迫ってくると信じている。

# 第一部　真珠湾への道

山本五十六（左）と堀悌吉
長岡の歴史を創造した人々・その思想と歴史を伝える会所蔵／新潟県立歴史博物館寄託

# 第一章　二人の青年

## （一）　山本五十六と堀悌吉

### 長岡に生を受ける

越後長岡藩は、譜代大名牧野氏を藩主とする七万四千石の小藩であった。明治十七年（一八八四）四月四日、その長岡藩で代々儒官、すなわち儒学の教師を務めていた高野家に男子が誕生した。父の高野貞吉《さだよし》が五十六歳であったため、五十六と名付けられたことは有名な逸話である。

貞吉は高野家の長女美保の婿であったが、美保が早世したため次女の美佐と再婚。さらに美佐も夭逝《ようせい》したため、三女の峯と再々婚していた。五十六はこの峯との間の子で、早死にした兄を除き都合七人兄姉の末っ子で、六男であった。山本が生まれた当時は、貧しい生活であったという。五十六が山本家の家督を継いで「山本五十六」となるのは三十二歳のときで、すでに海軍少佐として活躍していた頃だった。それまでは「高野五十六」であった。

高野家の家禄は百二十石。長岡藩では中の上ほどの家格の家だったが、戊辰戦争で長岡藩は奥羽越列藩同盟に参加。新政府と戦い、敗北する。城下は焼かれ、高野家も焼け出された。祖父貞通が戦死し、父貞吉も負傷。戊辰戦争後、貞吉は、長岡が編入された柏崎県庁に出仕することができ、最後は小学校の校長となった。

海軍史研究者の工藤美知尋《みちひろ》氏（日本海軍戦史戦略研究所長、日本ウェルネススポーツ大学教授）は、長岡という地が持つこうした歴史が、五十六に大きく影響したと見る。

▼工藤美知尋氏

「長岡戦争（戊辰・北越戦争）という、最も悲惨な戦争が行われ、多数の長岡の侍たちが亡くなった。それからまだ十六年しか過ぎていないなかに、五十六は生を受けているわけです。

戦争に負けた結果、長岡藩の石高は三分の一以下に抑えられた。そこで出て来るのが「米百俵」で有名な小林虎三郎です。五十六はその長岡に生を受け、戦争で断絶した山本家を継ぐわけですから、将来を嘱望《しょくぼう》され、「賊軍」の汚名をなんとか晴らしたかった。長岡の再生というか、その名誉回復を担ってきたのが五十六だったのです」

「米百俵」の故事とは、戊辰戦争後、牧野家の分家三根山《みねやま》藩から「見舞い」として米百俵を送られた旧長岡藩が、窮乏した藩士たちの生活を救うための食糧とするのではなく、藩の大参事小林虎三郎の英断で、学校建設の費用として活用したことを指す。目の前の食よりも、将来に向けて子弟の教育を重視したというわけだ。

長岡の青少年育英事業団体である長岡社も、そして旧長岡藩士が資金を出し合って設立した長岡中学校も、有為の人材を世に送りだし、敗戦の痛みから脱したいと願う、長岡の人々の志によって作られたものだった。

## 海軍を目指して

明治二十九年（一八九六）、長岡町立阪之上尋常小学校を卒業した山本は、成績優秀につき、長岡社の貸費生として旧制長岡中学校に進学した。長岡中学校に入学した頃から、山本は海軍を志願するようになる。高野家の経済状態に照らし、高等学校進学は無理だという思いがあったのかもしれない。

また当時、海軍大佐から少将へと進級し、旧長岡藩士として初めて海軍提督となった叔父野村貞の影響があったとも言われている。

野村は幕末の長岡藩家老で、北越戦争の指揮をとった河井継之助の甥だった。後年山本は、上官の鈴木貫太郎から、艦長時代の野村が「剛毅磊落《らいらく》、小事に拘泥《こうでい》せず。時に大喝、部下を震駭《しんがい》せしむることあるも、常には極めて寛容恩情の方で、親しみやすく狃《な》れ難《がた》き大人物」(新人物往来社編『追悼 山本五十六』)だったと聞いて、深く感動したという。この叔父への憧れが、山本の目を海軍に向けさせたのであろう。

年の離れた兄譲《ゆずる》の長男力《ちから》の影響も指摘されている。

若くして病没した力は、山本の甥とはいえ十歳の年長者で、山本とは兄弟同然の関係だった。この力も成績優秀で海軍兵学校を志願していたが、病弱のために断念。いわばその遺志を継ぐ形で、山本も海軍兵学校を目指したのかもしれない。

明治三十四年(一九〇一)三月に中学校を卒業した山本は、姉の嫁ぎ先の物置部屋を自分で片付けて、みっちりと受験勉強に励んだという。

## 海軍兵学校で得た「一人の友」

明治三十四年(一九〇一)十二月十六日、山本は広島県の江田島にある海軍兵学校に入校した。この年、海軍兵学校第三十二期の採用者は百九十名。山本はそのなかで二番という優秀な成績だった。

一番は、のちに海軍大将となる塩沢幸一。塩沢は、徳川家康に献上されたことでも知られる薬用養命酒の製造元の出身で、山本は彼のことを「おい養命酒」と呼んでいたという。おそらくその縁だろうか、山本自身も養命酒を愛飲し、のちにロンドン軍縮会議に参加した際に携行したのがきっかけで、養命酒は国外でも知られるようになったと言われている。

一番は塩沢、二番は山本(当時は高野)、そして三番目は、大分出身の堀悌吉。やがて無二の親友となるこの堀との出会いが、山本のその後の人生に大きな影響を与えることとなる。

入学時に二番の好成績だった山本だが、翌年の成績は十六番に落ちてしまう。兵学校での成績は、やがて海軍将校となり、昇進を重ねていくうえで重要な意味を持ってくる。兵学校でトップクラスの成績でなければ、のちのちの栄進は覚束ない。生徒たちは常日頃から激しい競争にさらされていた。

後年、山本を支えた井上成美《しげよし》（海兵三十七期）は、兵学校の卒業成績順位と最終昇進階級の相関関係を統計分析し、〇・五〇六という数字をはじき出している。つまり、海軍大将への進級の約半分の要素が、兵学校の卒業成績に影響されるというわけだ。あとの半分は、卒業後の約二十五年間の勤務実績や戦功によるものということになる。

ともあれ十六番に落ちた山本は、それを恥じる内容の手紙を郷里長岡で歯科医となっていた兄の季八《きはち》に送っている（明治三十六年九月二十四日付）。

昨年五月の試験には、其時《そのとき》の位置に比し、非常なる不成績を得て、多分多（他）人の笑を買ひ（しかし、一人の友を得）候。

ここで「一人の友」と記した人物――。それが堀悌吉である。

## 裕福な農家に生まれた堀悌吉

堀悌吉は、明治十六年(一八八三)八月十六日、大分県杵《き》築《つき》郊外の生《い》桑《くわ》集落にて生を受けた。村の名望家として知られる矢野彌三郎とその妻タマの次男として生まれた堀は、日《ひ》出《じ》高等小学校二年の十歳のとき、元杵築藩士の堀家の養子となり、矢野悌吉から堀悌吉と姓を改めた。

堀は、記録魔と称されるほどの筆まめで、自らとその周囲の状況に関する詳細にして膨大な記録を残している。「堀悌吉自伝ノート」と呼ばれる手製の自筆ノートや、きちんと保管された書簡・文書類で、本書のもととなった新発見の山本五十六関係資料も、その一つである。

堀の両親はともに開明的で、進取の精神の持ち主だった。特に母のタマは、嫁入りの際に福沢諭吉の『西洋事情』『世界国尽』を持参するなど、世界に視野を開いた女性であったようだ。父の彌三郎は、地域の農地開発と農業振興に生涯をささげた篤農家で、生桑集落にはその生涯を顕彰する「矢野彌三郎翁頌徳碑」がいまも建っている。

そうした両親に育まれ、比較的豊かな暮らしのなかで少年時代を送ったことが、堀の人間性を形作ったであろうことは想像に難くない。

八坂尋常小学校、日出高等小学校を経て、明治三十年（一八九七）に大分尋常中学校杵築分校へと進んだ堀は、すでに高等小学校の時代から、軍人としての将来を思い描いていたようだ。ちょうど時代は日清戦争の頃。日本軍のさまざまな武勇談は、堀の村にも伝わり、少年の心を鼓舞したのかもしれない。

また、イギリスの作家ダニエル・デフォーの『ロビンソンクルーソー絶島漂流記』や、フランスの作家ジュール・ヴェルヌの『十五少年（漂流記）』などの冒険・探検小説を愛読したことや、叔父に連れられて海路瀬戸内海を往復した折に「船長」に強い憧れを持ったことが、海軍志願のきっかけになったと「堀悌吉自伝ノート」に記されている。

もっとも父は堀が医者となることを望んでいたようで、堀の周囲には軍人になることに反対する声も少なくなかった。しかし本人の意志は固く、明治三十四年（一九〇一）十二月、山本と同じ海軍兵学校第三十二期の三番で入校を果たした。

## 山本と堀の関係

こうして海軍兵学校同期生となった山本と堀は、すぐに意気投合したようだ。半藤一利氏は次のように語っている。

▼半藤一利氏

「堀さんは大分県のかた、山本さんは長岡の人ですから、気質的にはずいぶん違うんじゃないかと思います。長岡の人っていうのは、非常に口が重くて人見知りをする人が多いんですね。私の調べた範囲では、山本さんもそうみたいですが、こいつは信頼できるという人に対しては、ものすごく心を打ち割って、なんでも話す人のようです。

堀さんと山本さんが親友であるということは、山本さんを調べ出したらすぐに分かることです。ですが、二人がいつ頃から仲良くなったのかということは、実はよく分からなかった。ところが、大正天皇に仕えた（海軍軍人の）四竈《しかま》孝輔の日記を見ると、どっちから近づいたかは分かりませんが、兵学校の時代からものすごく仲がいい。昭和になってから急に近づいたのではなくて、もう明治の時代から仲が良かったということが分かりました。

人間の友情というのは、私たちの端倪《たんげい》すべからざるところがありまして、どこで気に入ったのか分からないけれども、本当に心を打ち割って話せる人というのがいますよね。親友というやつです。だから山本さんは、最後に自分が戦死する覚悟で戦争に行ったわけですが、自分の残されたものは全部堀に預けるということをお書きになっている。それはもっともなことだと、いまでは納得しています」

この海兵三十二期生のなかには、塩沢、山本、堀のようなトップクラスの成績ではないものの、のちに重鎮となる人物もいた。海軍大臣となった吉田善吾、海軍大臣兼軍令部総長を務めた嶋田繁太郎の二人である。

## 成績をめぐる葛藤

海軍兵学校では、教室の席次から寝室でのハンモック・ナンバーまで、生活と行動のすべてが成績の順となっていた。誰もが「あの男は優秀だ」「あの男は将来有望だ」といやでも分かる。生徒たちは、日常生活のあらゆる場面で席次を意識させられるエリート養成システムのなかで、鎬《しのぎ》を削っていた。しかし、それは競争を煽るためのものではなかった。

海軍では「軍令承行令」といって、戦闘中艦上で上官が戦死した場合に次の上位者が指揮権を継承することとなっていたため、常に現役士官名簿の順位により、自分は先任か後任かが同階級・同期生の間で分かるようにしていた。これも席次競争の理由となった。

塩沢と堀はその後も成績優秀で、卒業までの三年間、常に平均点一点以下の差でトップの座を争った。一年次は塩沢が一番、二年次、三年次は堀が一番だった。堀は同期生から「神様の傑作の一つ 堀の頭脳」とまで称賛された。しかし、山本の成績は入学時の二位が最上位で、その後はトップ争いに加わることはなかった。

安田晃子氏は、二人の関係について次のように語る。

▼安田晃子氏

「一年生になった半年後の試験で、山本さんは大きく成績を落とします。堀さんは、成績でトップを取ることが重要なのではないんだ、自分の全力を尽くすことが大切なのだという考えの持ち主でした。

たぶん堀さんは、「順番はいいんだ、お前のベストを尽くせばいいんだ」というふうに、山本さんに言って励ましたのではないかと思います。堀さんの励ましで山本さんは立ち直り、そこから二人の親交が始まったのではないでしょうか。そして、本当に自分が一番信頼できる相手として、気持ちを素直に伝えられる、そういう人間関係になったと思います」

明治三十七年（一九〇四）十一月十四日、三年間の海軍兵学校生活が終わり卒業式を迎えた。第三十二期生に卒業証書が手渡されたが、その授与の順番（先任序列）が、前述の通り卒業後の進級争いに直接影響する、最終的な成績と士官名簿の順位であった。

卒業生百九十二名中の首席は堀悌吉。卒業試験で総計六千点中、五千六百十八点という抜きんでた成績だ。ライバルの塩沢は五千六百十一点で二位、山本は五千三百二十三点で十一位だった。ちなみに、吉田善吾が十二位、嶋田繁太郎は二十七位だったという。

時に山本（高野）五十六が二十歳。堀悌吉は二十一歳だった。

## （二）初めての戦争体験

### 少尉候補生として出陣

山本と堀が海軍兵学校を卒業した明治三十七年（一九〇四）は、日露戦争開戦の年であった。開戦直後の二月には、連合艦隊司令長官東郷平八郎の指揮のもと、旅順港夜襲が水雷艇の駆逐隊により決行され、三次にわたる旅順港閉塞作戦が実行されていく。

山本や堀は、卒業後ただちに海軍少尉候補生となり、「韓崎丸《からさき》」での一か月半の内地練習航海ののち、翌明治三十八年（一九〇五）一月七日、山本は「日進」、堀は「三笠」に配乗となる。卒業してすぐに、実戦配備の艦隊勤務となり最前線へと配属されたのだ。

山本が乗艦した「日進」は新鋭の装甲巡洋艦で、連合艦隊第一艦隊第一戦隊に編入されていた。山本は艦長の竹内平太郎大佐付となり、その命令を艦内の各部署に伝える伝令の任務についた。

一方、堀は、二月二十六日に海軍少尉候補生のなかから選抜され、バルチック艦隊捜索の任を受けた「亜米利加丸」に乗り組んでベトナム、シンガポール周辺で外地航海での実地練習を積んだ。さらに四月二日に「三笠」に帰艦してからは、艦内で航海術などの試問も実施されたという。これらは、教育に熱心な艦長の伊地知彦次郎大佐の方針による措置だった。「三笠」は最新鋭の英国製戦艦で、東郷長官坐乗の連合艦隊旗艦であった。

## 「名誉の負傷」と実戦体験

そして五月二十七日、連合艦隊は世界屈指とされるバルチック艦隊を対馬《つしま》沖で迎えることとなった。日本海海戦である。山本と堀は、ともに少尉候補生としてこの戦いに臨んでいる。

二十七日早朝、バルチック艦隊を発見したとの報せを受け、連合艦隊は戦時集結地としていた朝鮮半島の鎮海湾を出撃。第一艦隊第一戦隊の主力艦は六隻。先頭は、堀を乗せた「三笠」、最後尾は山本の乗る「日進」だった。

午後一時五十五分、東郷司令長官は「皇国ノ興廃此《こうはいこ》ノ一戦ニ在《あ》リ、各員一層奮励努力セヨ」の意味を込めたZ旗を「三笠」のマストに掲げた。この文案は、連合艦隊先任参謀の秋山真之《さねゆき》中佐が考案したものとされている。午後二時過ぎには戦端が開かれ、主要なる勝負は始めの三、四十分でほぼ決した。連合艦隊の集中砲撃を受けたバルチック艦隊は大きく陣形を崩し、敗走を始めた。

しかし「日進」に乗り込んでいた山本は、二十七日の夕刻、前甲板主砲の砲身の膅発《とうはつ》（破裂）によって、大怪我を負ってしまう。敵弾による負傷との説もあるが、すでにこのときバルチック艦隊には戦闘継続能力はあまりなく、今日では自艦砲身の「爆発事故」と言われている。

山本は左手の中指と人差し指を失い、右足大腿部裏側の肉を破片に抉《えぐ》られて大量出血をしていた。反町栄一著『人間 山本五十六』に引用された山本自身の回想には、「左手二本指はポッキと折れて皮を以《もっ》て僅《わずか》につながる。（……）気付けば右足の肉塊六寸を、そぎ去られて鮮血甲板を染めたり」と記されている。

このとき山本が着用していた軍服と、傷口を押さえた白布は、故郷長岡市の如是蔵《にょぜぞう》博物館に保存・展示されている。残された山本の血痕が、戦闘の生々しさを物語っている。

「名誉の負傷」をした山本は、三日後の五月三十日になってようやく佐世保の海軍病院に収容され、治療を受けることができた。手術は成功し、術後の経過も良好だったため、山本は横須賀海軍病院に転院、三か月半の療養生活を送る。

日露戦争後、戦場で傷を負った傷痍《しょうい》軍人が大量に発生したため、戦傷を「名誉」とみなして、彼らの救済・生活援助をはかる措置が取られた。軍人傷痍記章もその一つである。傷痍軍人は在世中、この記章の着用を許され、医療行為などにおいて優遇されることとなった。

山本は、のちの昭和十三年（一九三八）に制定された軍人傷痍記章の第一号を贈られている。叙勲には恬淡《てんたん》としていた山本であったが、この勲章は他のどれよりも大切にしていたという。山本の身体には、机上の作戦計画などでは分からない「現実の戦争の痛みと傷跡」が、しっかりと刻み込まれていた。

## 「薄氷を踏む勝利」

山本が負傷をした翌二十八日、バルチック艦隊は降伏し、重傷を負った司令長官のロジェストウェンスキー中将も捕虜となった。ロシア戦闘艦艇三十六隻のうち二十一隻が沈没。五隻が降伏、七隻が外地抑留となり、ウラジオストクにたどり着いたのは、損傷した小型艦など三隻のみであった。対する連合艦隊の喪失艦艇は、わずかに水雷艇が三隻のみ。日本海軍の圧勝であった。

圧倒的に不利だとされていた日本。しかし世界最強をうたわれたバルチック艦隊に対して、日本海軍は世界海戦史上、例を見ないほどの完全勝利を収めたのだ。しかし、海軍軍令部編『極秘明治三十七八年海戦史』によれば、秘策としていた連携機雷作戦が高波で実施できないなど、内実は僥倖《ぎょうこう》に恵まれた勝利でもあった。

日露両国の代表は、アメリカの仲介によって、八月十日からアメリカのポーツマスで終戦・講和交渉本会議の席についた。交渉は講和条件をめぐって難航し、日本全権代表の小村壽太郎とロシア全権代表セルゲイ・ウィッテの間で激しい応酬が繰り広げられた。九月五日になって両代表はようやく合意に達し、ポーツマス条約（日露講和条約）が調印され、日露戦争は正式に終結した。

しかし勝利を収めた日本は、当時の国家予算の数年分以上に相当する、十七億円余りに達した膨大な戦費のうち、七億円を英米両国での戦時国債（外債）で調達していた。つまり、外国からのすさまじい借金によって戦争を続けていたのであり、国内産業も疲弊し生産力も低下していたため、事実上、戦闘継続は不可能な状態だった。まさに「薄氷を踏む勝利」だった。

## 大艦巨砲主義の原点

しかし、日本の首脳部の一部を除き、一般国民や言論機関、日本海海戦に大勝利を収めた海軍の部内一般は、この記念碑的勝利に酔い、優れた海軍力で国難を救ったという自己認識を肥大化させてしまった。

それは艦隊同士の決戦によって勝敗を決するという「艦隊決戦思想」の強化へと結びつき、「大艦巨砲主義」を生むことになる。

大艦巨砲主義とは何か。日露戦争後から太平洋戦争の直前まで、日本を含む列強各国は戦艦を海軍力の主力として位置づけ、主砲の大きさ（口径）とそれを支える艦の大きさ（排水量）を最重要視するようになる。各国の海軍は、巨砲を装備した戦艦を競って建造し始めた。そして海戦は、「主力艦」である戦艦部隊同士の砲撃戦によって勝敗が決まるとされ、巡洋艦や駆逐艦などは「補助艦」とされた。こうした考え方が、大艦巨砲主義と呼ばれるものである。大艦巨砲主義においては、戦艦は戦略的兵器でもあり、他国よりも多く強力な戦艦を保有することは国威を示すものでもあった。

日本海軍においても、大艦巨砲主義は長く支配的な戦略思想となり、そして海軍兵術の根本原則となった。防衛大学校名誉教授で、軍事史を専門とする田中宏巳氏は、日本海海戦の影響を次のように述べる。

▼田中宏巳氏

「神話化という言い方は違うかもしれないけれど、「勝つにはこういうシナリオで戦えばいいんだ」というワンパターン的な話が作られ、それが国民に教育され、啓蒙《けいもう》された。専門的な軍事学での影響もあるのでしょうけれど、国民に対する文学的な意味での影響が深刻だったのではないか。

だから日本人は、最後に必ずどこかで艦隊決戦があって、そこで勝って戦争は決着するというストーリーを信じるようになったのではないか。それが軍人にも影響していき、軍人もそういうふうに思っていくようになる。だから必ずどこかで艦隊決戦が起きる、と。日本海海戦がバイブルとなり、このバイブルを修正したら駄目だ、となってしまった。時代とともに変わっていかなければならないが、東郷さんがやった戦いが絶対に正しい、当時の海軍の判断は絶対正しいんだ、と。そういう神話が定着してしまったのではないか。

日本の当時の国力、技術力を考えたら、大艦巨砲というのはかなり背伸びをしていて、無理があったと思う。そんな無理をするよりは、日本が世界で唯一の財産を持っている、小型艦による水雷攻撃や魚雷攻撃をもっと進化させる道もあったのではないのか。それを日本人自ら放棄したというのは、日本の歴史にとってもったいなかったと思いますね」

## 「ア、気ノ毒ダ、可哀サウダ」

日本中が勝利に沸くなか、朋友山本とともに少尉候補生として従軍した堀悌吉は、まったく異なる戦争の姿を看破していた。日本海海戦で、ロシア艦「ウラル」と「スワロフ」が沈没する姿を間近に見た堀は、「堀悌吉自伝ノート」の「戦争と軍備」という項のなかで、日本海海戦の状況を語っている。

敵ノ仮装巡洋艦「ウラル」ガ左方近距離ニ現ハレタトキ、第一戦隊ノ主力艦（……）ノ六隻カラ強烈ナル集中砲火ヲ浴ビセカケ、「ウラル」ハ忽《たちま》チノ間ニ損傷大破シタ。注視スルト（……）甲板ノ上ニ集マッテ居タ多クノ人ハ水中ニ転落シ、又ハ艦ト共ニ海底ニ消エ去ッテ了《しま》ッタ。自分ハ三笠ノ艦橋上カラ二三千米《メートル》突ノ至近ノ距離デ双眼鏡裡ニ之ヲ目撃シタノデアル。

次ニ忘ルルコトノ出来ナイノハ、敵ノ旗艦「スワロフ」ガ全艦猛火ニ嚢《つつ》マレ、運航ノ自由ヲ失ッテ居ナガラモ、尚後部将官室附近ノ小口径砲一門ダケヲ以テ勇敢ニ我ニ抵抗シ、飽クマデ奮戦ヲ続ケテ居タコトデアル。（……）「敵ナガラモ偉《えら》イモノダ」ト感嘆サセラレタガ（……）我ガ主力部隊ノ全砲火ヲ蒙《こうむ》ッテ沈ンデ行ッタノデアル。「ア、気ノ毒ダ、可哀サウダ」ト思ハヌモノハ無カッタラウト思フ。

堀は、このページの冒頭に「とれば憂し、執らねば物の数ならず、捨つべきものは弓矢なりけり」という古歌を記していた。また、初めて軍艦同士による近代海戦を経験した堀は、ただ遠くから砲撃をし合うだけの実態は、「武士の情けも何もあったものではない」とも述べている。

日本海海戦、そして日露戦争の勝利に沸く世間を横目で見ながら、堀は戦争という悲惨な現実と向き合い、大きな苦悩を抱えることになった。海軍の栄光は、同時に大量死の影に悩まされる近代戦争を担う軍人としての、苦しみの始まりでもあったのかもしれない。

半藤一利氏は、前述したような海戦の実態を見た山本や堀の戦争体験について、次のように分析する。

**▼半藤一利氏**

「あの勝利は私たちが絵物語で聞くような勝利じゃなくて、本当に薄氷を踏むような危険を覚悟したうえでの大勝利だった。そのことは、山本五十六も堀悌吉も身をもって体験したと思いますよ。山本さんは指二本を失って、腿のあたりの肉をはぎ取られるような重傷を負っている。また、戦艦「三笠」は三十発くらい敵弾を受けていますから、堀さんも怖い思いをしたのではないかと思います。

お二人は、戦闘というのがいかに難しいもので、簡単には勝利が呼び込めないものであり、かつ悲惨で残酷なものであるということは、よく知っていたと思います」

日本海海戦におけるこの痛烈な実戦体験は、若き二人の戦争観に深刻な影響を与えたに違いない。

# 第二章　西欧文明との邂逅

## (一)　堀の海外体験と戦争観

### 堀の栄進

日露戦争終結後の明治三十八年（一九〇五）八月三十一日、山本五十六や堀悌吉ら、海軍兵学校第三十二期の少尉候補生は、晴れて海軍少尉に任官し、正式に海軍士官となった。

彼らが兵学校を卒業したのは日露戦争のさなかだったため、通常であれば少尉任官前に経験する正規の遠洋練習航海を省略していた。そのため堀は、翌三十九年（一九〇六）二月に「姉川丸」に乗り組み、小笠原、佐世保、朝鮮半島、さらに大連に及ぶ練習航海に参加。その後「富士」、「春風」を経て「筑波」に乗り組み、明治四十年（一九〇七）二月二十八日には、アメリカで開催される万国海陸軍祝典に参列するため、出発した。堀にとって、初めての欧米渡航であり、西欧文明を直接目にする初めての機会だった。

同年九月、堀は海軍中尉に進級。十二月には海軍砲術学校普通科学生となり、翌四十一年（一九〇八）四月二十日に卒業。海軍兵学校に次いで、ここでも首席で卒業し、恩賜の銀時計を下賜されている。校長からは「本校創立以来未だ見ざる成績」と賞賛されたという。同日付で堀は海軍水雷学校普通科学生を命ぜられ、七月三十一日同校卒業と、あわただしく海軍初級士官教育の階段を上っていく。水雷学校卒業時の成績は第二位だった。

明治四十二年（一九〇九）十月に海軍大尉となった堀は、十二月には海軍大学校に乙種学生として入学する。海軍大学校は海軍の最高学府であり、山本や堀が在校した当時は、将校科甲種学生、将校科乙種学生、そして機関学生、選科学生の四種に分かれていた。

変わらず堀は優秀で、物理学や戦術理論、造船学、機関学などを収め、明治四十三年（一九一〇）には驚異的な成績（平均九八・二点）で卒業している。

ちなみにこの頃、堀は山本と横須賀にある海軍の湿ケ谷《しめりがやと》官舎で同居生活を送っていた。

## 堀の身辺を襲う不幸

同年、海軍砲術学校高等科も卒業した堀は、伏見宮博恭王《ふしみのみやひろやすおう》が艦長を務める第一艦隊の戦艦「朝日」に分隊長として着任。机上の学問だけでなく、砲術の実技にも優れた能力を発揮した。堀が号令する戦艦「朝日」の主砲は、翌明治四十四年(一九一一)に行われた単艦戦闘射撃で、第一位の優秀な成績をおさめ、日露戦争で華々しい活躍を見せた秋山真之参謀長より賞賛されたという。堀は、海軍を背負うべき将校として将来を嘱望され、順風満帆ともいえる日々を送っていた。

この年十一月には、海軍兵学校で七期先輩にあたり、日本海海戦時には第二艦隊参謀を務めた四竈孝輔少佐夫妻の媒酌で、川村敬子《たかこ》と結婚。堀は二十八歳だった。二人は鎌倉に新居を構え、山本との官舎同居も解消した。しかしあろうことか、敬子は結婚後わずか五か月にして、二十二歳で病死してしまう。大正元年(一九一二)三月二十八日のことだった。

新妻の早すぎる死からまもなく、堀は第三艦隊参謀となり、上海入港中の巡洋艦「新高」に着任する。そして翌大正二年(一九一三)、乗艦が香港在港中の堀に、フランス駐在の辞令が届いた。

## 日露戦争後の山本五十六

一方、日露戦争後の療養生活を終えた山本五十六は、巡洋艦「須磨」、戦艦「鹿島」、海防艦「見島」、駆逐艦「陽炎《かげろう》」など、立て続けに艦隊勤務を経験。明治四十年（一九〇七）には海軍砲術学校普通科学生を命ぜられ、在校中に海軍中尉に進級して首席で卒業、堀と同じく恩賜の銀時計を授与されている。さらに同日付で海軍水雷学校普通科学生となる。

砲術学校と水雷学校を卒業した山本は、明治四十一年（一九〇八）から四十二年にかけて、巡洋艦「阿蘇」（旧露艦バヤーン）、巡洋艦「宗谷」（旧露艦ヴァリャーグ）に乗り組み、遠洋練習航海に参加して後輩たちの指導にあたった。

このとき同乗した候補生たちのなかには、南雲忠一や澤本頼雄、井上成美、小澤治三郎、草鹿任一《じんいち》らがいた。彼らは、後の山本の海軍生活に大きく関わることになる。

最初の北米巡航遠洋航海ではハワイ・ホノルルを経由してアメリカ西海岸各地を、次にマニラを経由してオーストラリアをめぐってから、シンガポール、香港とたどり帰国した。こうした体験から、山本も堀と同じように国際的視野とセンスを養ったことだろう。

このとき、「宗谷」の艦長を務めていたのは、のちに二・二六事件で重傷を負い、太平洋戦争終戦時の首相となる鈴木貫太郎大佐。乗艦中に海軍大尉に進級した若き山本は、遠洋航海の生活のなかで、鈴木艦長から船乗りとして、海軍軍人として、そして組織の長たる上官としての在り方を学んだものと思われる。海軍では、大尉に進級して初めて一人前の士官として扱い、部下を管理する分隊長（陸軍の中隊長に相当）などの指揮官職を与えることを通例としていた。

鈴木は後年、当時の山本を偲《しの》び、次のように回想している（新人物往来社編『追悼 山本五十六』）。

寡黙剛毅不撓《ふとう》にして、最も真面目に勤務に当たり、不言実行をもって候補生を指導したり。時に指導官の会議に際しても、容易に発言せざりしが、いったん口を開けば論旨明晰、主張強固にしてその意見は概ね採用せられたり。これをもってその熟慮断行の性格に富むを知るべきなり。

遠洋航海から帰った山本は、明治四十三年（一九一〇）十二月に海軍大学校に入学する。ちょうど堀から一年遅れての入校だった。横須賀の湿ケ谷官舎で堀と同居していたのは、この頃のことだ。

海軍大学校乙種学生を明治四十四年（一九一一）五月に卒業した山本は、ただちに海軍砲術学校高等科学生となる。十二月にはこの課程を卒業、同日付で海軍砲術学校の教官兼分隊長となり、さらに海軍経理学校の教官を命ぜられた。

砲術学校では、同じく同僚教官となっていた三期先輩の米内《よない》光政大尉と同室で寝台を並べることとなった。のちに海軍次官となった山本は、永野修身《おさみ》の後任として米内を海軍大臣に引っ張り出し、日独伊三国同盟にともに反対の堅陣を張ることになる。その二人の交流が始まったのが、この時期のことだった。

当時の米内と山本はかなり仲が良かったらしく、二人で部屋の隅にある木製大型の海軍式ごみ箱を的にして、ナイフや短剣を手裏剣代わりに投げていて砲術学校の副官に叱られたというエピソードが残っている（高木惣吉著『山本五十六と米内光政』）。

## 高野五十六から山本五十六へ

大正二年（一九一三）、堀が駐在員としてヨーロッパに旅立った頃、山本の父貞吉、母峯が相次いで亡くなった。

悲しみが癒えるまもなく、山本は前年まで堀が乗艦していた巡洋艦「新高」に、入れ替わるように配属され、砲術長を務めた。さらに大正三年（一九一四）十二月には、海軍大学校甲種学生となった。将来の枢要な職員や高級指揮官の素養を教育する海大甲種学生課程（同期生の十六％程度しか入学できない難関）を卒業することは、海軍で栄進するための重要な条件のひとつだった。堀が甲種学生となるのは、ヨーロッパから帰国後の大正五年（一九一六）なので、海大甲種では山本がやや先輩ということになる。

大正五年、海大在学中に海軍少佐となった山本は、郷里の旧長岡藩主の牧野子爵らの要請を受けて、長岡藩筆頭家老格の山本家を相続することになる。戊辰・北越戦争のとき河井継之助に次いで総司令官となり、敗戦に際し恭順を拒み、「藩主われに戦いを命ぜしも、未だ降伏を命ぜず」として二十三歳で斬首となった家老、山本帯刀《たてわき》の家門である。

武田信玄の軍師、山本勘助の弟が始祖という名門山本家。その断絶を惜しんだ長岡出身の貴族院議員渡邊廉吉が橋渡しをしたのだが、すでに山本五十六が、郷里の輿望《よぼう》を担う逸材として知られていたことを物語っていよう。引き継いだ山本家の財産は、三つ巴の定紋つきの古い裃《かみしも》一着と墓所のみであったという。

当時の山本は、海軍大学校にほど近い築地の寺で、二期後輩の古賀峯一と一緒に下宿していた。古賀は、大正九年（一九二〇）と大正十五年（一九二六）に二度フランスに赴任。パりでは堀と親交も重ねて考え方が近く、この三名はとても親しくなってゆく。

## フランスで見た欧州文化

先述のように、堀悌吉がフランス駐在を命じられて渡欧したのは、大正二年(一九一三)のことだった。

堀はフランスをはじめ、ヨーロッパの文化や思想を貪欲に吸収していった。もともと堀は、水雷学校普通科学生の時代に、教官を務めていた岡田啓介中佐(海軍大臣を経て、のちの首相)からフランス語の習得を勧められ、暁星《ぎょうせい》学校(現・暁星学園)のフランス語教師について勉強していたという。

フランスに派遣された堀の最大の任務のひとつは、フランス西北部に位置する軍港シェルブール、ブレスト、ロリアンの視察だったらしい。約五十日間に及ぶ船旅でフランスに着いた堀は、パリを経てトゥールという町に半年間滞在し、フランス語の習得に努めた。学習には相当苦労したようだが、パリに戻った頃には、ある程度の会話は駆使できるようになっていた。

パリでの堀は教養のあるフランス人家庭に下宿し、視察任務の傍ら、欧州各地へと旅行に出かけ、多くの書物やコンサートに親しんだ。「堀悌吉自伝ノート」には、この間パリ政治学院やソルボンヌ大学で、経済学、行政学、文学などの講義を聴講したことも記されている。

比較文学を専門とする東京大学名誉教授の芳賀徹氏は、堀が遺した史料を調査し、二〇〇九年には評伝を執筆している（『堀悌吉』大分県先哲叢書）。その芳賀氏は、ヨーロッパ文化を吸収しようとする堀の貪欲さに感嘆する。

**▼芳賀徹氏**

「パリにいる間、本当によくオペラに行っていますね。パンフレットがたくさん残っていて驚きました。しかもパンフレットの一つ一つに、何月何日に誰と行ったと書いているんですよ。几帳面でね。われわれが知っているようなオペラ、オペラコミックはみんな見ている。『カルメン』『アイーダ』『リゴレット』やワグナー、それからチボーやコルトーのリサイタルにも行っていた。

バルザックでも、一ページ二段組みになっているものまでありました。あれをどのくらい読んだのかは分かりませんが、とにかく持っていらした。それからヴェルレーヌやボードレールの詩集もあった。いや、驚きましたね。あの教養の豊かさ。とてもかなわないと思った。

あのまま東京大学の仏文科、あるいは教養学科の主任教授にしても十分できる。かえって面白かったと思う。堀さんが主任教授になって下さっていれば、素晴らしかっただろうなあ。東大仏文もよっぽど面白くなっていたと思う」

事実、日本に戻る際の堀は、約三百冊の書籍と百冊あまりの雑誌類を持ち帰っている。そのなかにはルソーの『社会契約論』、『モンテスキュー全集』、ボードレールの『悪の華』などの原書が含まれ、堀がフランス文学やヨーロッパ文化の精髄に触れたことがわかる。

## 第一次世界大戦の勃発

堀がパリ生活二年目を過ごしていた大正三年（一九一四）の六月二十八日、彼の「戦争観」を決定づける大きな出来事が起きた。サラエボ滞在中のオーストリア＝ハンガリー帝国の皇太子夫妻が暗殺されたのである。

ヨーロッパは、第一次世界大戦へと突入する。七月二十八日、オーストリアがセルビアに対して宣戦布告。これを引き金にして、欧州各国が瞬く間に戦争に巻き込まれていった。八月三日には、ドイツがフランスに宣戦布告。ドイツ・オーストリア・オスマン帝国・ブルガリアによる中央同盟国(同盟国)と、三国協商を形成していたイギリス・フランス・ロシアを中心とする連合国(協商国)という二つの陣営に分かれ、戦うことになる。日本や、アメリカ、イタリアも、のちに連合国側として参戦することになる。

この世界大戦は、潜水艦、軍用飛行船、戦車、毒ガス兵器や機関銃などの近代兵器のほか、開発間もない飛行機を戦闘に投入し、人類史上例を見ないほど多くの犠牲者を出した。千七百万人以上の戦死者・行方不明者、二千百万人以上の戦傷者が出たと推定されている。

## 堀が見た第一次世界大戦

戦闘員だけでなく、国民すべてに動員を強いる「総力戦」は、ヨーロッパ各国に大きな傷跡を残した。その第一次世界大戦を目の当たりにした堀は、かつての日本海海戦よりもはるかに大きな衝撃を受けたことだろう。半藤一利氏が推測する。

▼半藤一利氏

「堀さんは第一次世界大戦を見ていますから、いかに戦争というものが悲惨なものかと学んできたと思います。いまや兵隊さん同士の殺し合いではなくて、補給の問題とか生産力が戦争の戦力になるんだ、と。いわゆる総力戦ですね。これからはそうなるんだ、ということを堀さんは学んできたと思いますよね。それから、山本さんにもそういう話をしておると思います」

工藤美知尋氏も、総力戦を目撃した堀の心中を推し量る。

▼工藤美知尋氏

「堀はベルダンにも回っています。ベルダンは、第一次世界大戦で激戦のあった、ドイツとフランスの国境地帯です。私も四十年ほど前に行きましたが、本当に（砲弾で）地形が変わっています。そして地平線のところまで、白の十字架、墓碑が建っている。出撃する直前に砲弾によって土砂に埋められて、銃を持ったまま倒れている様もそのまま残っているんです。それを見てですね、多感な青年時代の人たちが、軍人といえども、何も感じなかったはずはないわけです。

いろんな考え方に大きく影響したでしょうね。やっぱり平和が第一なんだ、と。平和というのは、軍備がないということではないんですが、最小限で自国が守れるだけの防衛でいいんだ、という考え方を当然ながらするようになるんだと思いますね」

堀自身、「三年間の仏国駐在が自分の個性に大なる影響を及ぼしたことは勿論」としたうえで、ドイツの軍国主義や帝国主義が極度に嫌になったと書いている。また、「日本人の独逸崇拝の有様を見ると、たまらなく不愉快であり、殊に独逸のことと云へば一も二も無く盲目的に感服し賞賛するのを見たり聞いたりすると、堪え難い思ひがする様になった」とも記している(「堀悌吉自伝ノート」)。

## 堀と山本の結婚

大正三年(一九一四)十二月に海軍少佐に進級した堀は、戦争の激化を背景に大正五年(一九一六)三月に帰朝を命じられ、五月三十日に東京に戻った。七月には第一艦隊の戦艦「扶桑」の分隊長となり、十二月には山本より二年遅れて海軍大学校甲種学生となる。

そして翌大正六年（一九一七）には、山本五十六と再び同居を始めた。

山本はその前年の大正五年に海軍大学校甲種学生を卒業し、横須賀を根拠地とする第二艦隊の参謀となっていた。翌大正六年（一九一七）、山本は腸チフスに罹り、箱根の堂ヶ島温泉で転地療養をすることになったが、このとき堀は毎週日曜日に箱根へと見舞いに通ったという。

大正七年（一九一八）五月、堀は山口千代子と再婚をした。千代子は、陸軍主計大佐の山口与三郎の長女で、夭逝した先妻のときと同じく、四竈孝輔大佐夫妻の媒酌であった。それからわずか三か月後に、山本も結婚している。こちらは初婚だが、相手は会津で農業や酪農を営む三橋康守の三女礼子で、堀と同じく四竈夫妻の媒酌だった。

山本は兄の季八に宛てた手紙で、この結婚は「堀の勧告」によるものと記している。先妻を早くに亡くし、その後、単身で海外生活を送った堀は、家庭のありがたみや温かさを痛感し、親友の山本にも早く身を固めることを勧めたのだろう。

二人はともに青山高樹町（現・南青山）に新居を構えたため、結婚後は家族ぐるみの付き合いが続いてゆくこととなる。

## 「戦争善悪論」の衝撃

再婚した海軍大学校の学生時代、堀は「対米作戦ニ於ケル韮島（フィリピン）ノ戦略的価値ヲ論ゼヨ」と「戦争善悪論」という二本の論文を執筆している。

前者は、のちに堀と対立する末次信正教官の課題に答えるもので、当時日本海軍が仮想敵国とするアメリカとの戦争が、総合的な国力の点でも戦力の点でも「不可能」であり、日本が圧倒的に不利であることを説くものである。そして、フィリピンだけに戦略的にこだわるのは、広大な太平洋のどこを突いてくるのかわからない米艦隊を考えると、あまり意味はないと主張するものだった。

もう一方の「戦争善悪論」では、第一次世界大戦を間近に経験した堀が、その戦争観をあますところなく語っていた。

この論文は、巌崎茂四郎教官から出された「戦争ノ本質ヲ論セヨ」という問題に対する答えのかたちをとっている。前書きには「戦略ヲ講スルニ方《あた》リ戦争ノ本質ヲ論シテ戦争ハ善ナリト説クニ及ヒ議論百出、毎回論駁《ろんばく》甚シク講義ヲ進ムルヲ得ス、遂ニ学生ニ本作業ヲ課スルニ至レルモノナリ」という経緯が記されている。「戦争は善」だとする巌崎教官に対して堀が徹底して反論し、とうとう講義が成り立たなくなって作業課題としてこの論文が書かれたというのだ。
具体的にその内容を見てみると、

国家ハ其ノ正当ナル目的ノ為ニ戦争ヲ起シ、又ハ之ニ応スルコトアルヘシ。然レトモ其ノ目的ヲ達スルニ、戦争ニ依ラスシテ他ニ平和的手段アラハ、之ニ依ルヲ可トスヘキナリ。アラユル場合ニ於テ、国家カ行フ戦争ヲ是認シテ善トナスヘカラサルナリ。

そして、「結論」では次のように断じている。

戦争ナル行為ハ常ニ乱、凶、悪ナリ。人ノ好ムトコロニ非スシテ、等シク忌ムトコロノモノ也。

## 「海軍は平和維持のため」

堀の「戦争善悪論」は、少なからぬ注目を浴びた。堀が昭和二十年（一九四五）三月に自身の海軍生活を振り返って記した「海軍現役ヲ離ルル迄」（「堀悌吉自伝ノート」）によれば、巌崎教官からは次のような「忠告」を受けたという。

君の議論は徹底し過ぎて相手に口を開くの隙を与へない。或る教官は君の意見は理屈張りで消極的だと云って居た。又、いつかの答案に平等文明とか言ふ様な言葉を使ったのは、仏国駐在中に思想が変になったからだとも言って居た。御注意迄に申上ぐ、誤解を受けぬ様に気を付けたが良かろう。

つまり、堀がフランスで危険思想、すなわち共産主義思想にかぶれたと噂する教官もいるので、注意すべきだというのだ。

しかし戦争を悪とするのは、堀自身の強い信念であった。日露戦争と日本海海戦で悲惨な大量殺戮《さつりく》の現実に向き合い、さらに第一次世界大戦をフランス駐在の武官として目の当たりにした経験から、堀はこうした戦争観にたどり着いたのだろう。

とはいえ堀は、国家の独立を守るための軍備、あるいは軍の存在自体を否定したわけではない。芳賀徹氏は次のように指摘する。

▼芳賀徹氏

「海軍というのは平和維持のための存在で、戦争を仕掛けるためのものではない。それは堀のなかで一貫していたことでしょう。彼の一番動かない基本の思想だった。あの考えを日露戦争当時から戦前昭和にかけて一貫して守っているというのは、驚くべきことですね。

こうした考えを持っていたのは、軍人のなかでも少数派でしょう。しかし、少数派だけれども、堀は孤立していたわけではない。堀の考えを分かっている人は、もちろん彼のまわりにいた。海軍兵学校の同期や先輩・後輩です。

堀が戦争善悪論に到達した理由は、分かりません。何か決定的な本を読んだのではないかと思いますが、それはまだ分かりません。ヨーロッパ側の当時の戦争論や海軍論をもうちょっと調べないといけません。堀が共鳴したかもしれないものは蔵書にも残っていなくて、お墓に一緒に持って行ってしまった」

## (二) 山本がアメリカで見たもの

### ハーバードへの留学

大正七年(一九一八)八月末に結婚して所帯を構えた山本五十六。しかし、新婚生活は半年ほどしか続かなかった。翌大正八年(一九一九)四月五日、山本がアメリカ駐在を命じられたためだ。

山本は三十五歳の働き盛りを迎えていた。マサチューセッツ州のボストンを拠点に、隣接する都市ケンブリッジにある名門ハーバード大学へ留学し、語学を習得するとともにアメリカ全般について見聞を広める。それがアメリカ駐在の目的だった。

ハーバードは、アメリカ最古の高等教育機関であり、幅広い分野で世界をリードする名門私立大学だ。山本は大正八年の七月から英語の夏期講習を受けているが、山本が残した記録によれば、なんと授業には二回しか出席していない。

明治時代以来、日本のエリート官僚や軍人の留学では、留学先の先進国文明に実地に触れて見聞を広めるため、現地での勉学や行動は本人の自由裁量に任せ、具体的な任務や課題を与えないという傾向があった。エリートならではの特権である。留学生もおしなべて祖国の近代化に率先して役立とうとする気概と志を持つ有為の人材が多く、彼らが制約なしに他国の文明に浸り、その実情を肌で感じることによって多くの成果を上げてきた。

二回しか授業に出ないのであれば、当然、山本の英語の成績は最低ランクの「C+」であった。しかし、山本は決して無為な日々を送っていたわけではない。英語の学習はともかく、山本が好んだのは、アメリカ各地を実地に見てまわることだった。

二十世紀初頭のアメリカは、テクノロジーとモータリゼーションの発達により、すでに高度産業社会の入り口に来ていた。産業構造の基底を支える主要エネルギーは石炭から石油へと転換しつつあり、自動車産業を中心とする大量生産システムの機械工業や、石油化学産業が発展を始め、アメリカを世界屈指の先進国へと押し上げていたのである。

## 山本が見たアメリカの国力

山本は、大正十年（一九二一）七月に最初のアメリカ駐在を終えて帰国するが、二年後には井出謙治海軍大将の随員として九か月間欧米各国を視察する機会を持ち、さらに大正十五年（一九二六）から昭和三年（一九二八）にかけても、米国在勤大使館附海軍武官（米国での日本海軍代表）としてワシントンで勤務している。

こうした滞米期間中、山本は、アメリカ国内だけでなく、ときにはメキシコやキューバにも自費で足を運び、見聞を広めた。特にテキサスやカリフォルニアの油田も丹念に視察し、その産出量やパイプラインまで調査している。アメリカ各地を探訪することによって、山本はアメリカの真の実力を思い知ることになった。

膨大な資源を抱え、日本の十倍以上の工業生産量を誇るアメリカは、山本の目にどのように映っただろうか。米海軍大学校のブラッドフォード・リー教授は、次のように指摘する。

### ▼ブラッドフォード・リー氏

「ご存じのように、第一次世界大戦後、山本はアメリカに駐在していました。彼は面白いことをしていたのです。たとえば、彼はデトロイトに行っていました。そこは当時アメリカの自動車生産の産業基盤の中心地でした。また、山本はアメリカの南北戦争も調査していました。日本にとってアメリカとの戦争に進むことがどれぐらい危険であったか、彼は分析していたのだと思います」

番組取材班がロードアイランド州ニューポートにある米海軍大学校を訪ねると、井出謙治大将に随行した山本の足跡が残されていた。同大の訪問記録にも山本のサインがある。

高木惣吉著『山本五十六と米内光政』によれば、井出と山本が米海軍大学校を訪問した際、とある戦略教室の壁に、さまざまな書き込みがなされた日本近海の地図が掲げられていた。「オレンジ計画」として知られる、米海軍の対日渡洋作戦の片鱗である。慌てて地図を隠そうとした案内役の米士官に、山本は微笑して「この辺は海軍戦略を研究するにはいい場所でしょう」と言うと、彼も笑顔で「その通りです！」と答えたという。

## 飛躍的に発達する航空機

アメリカで最も山本の興味を引いたのは、飛躍的に発達する航空機だった。

自転車屋から身を起こしたライト兄弟が、初めて飛行機による有人動力飛行に成功したのが一九〇三年。それからわずか二十年ほどの間に、アメリカでは航空機製造が新たな産業として確立していた。山本が初渡米した当時、ライト兄弟の弟の方、オーヴィル・ライトはまだ健在だったのだ。

一九〇八年には二時間を超える飛行が可能となり、翌年には硬式飛行船を用いた世界初の航空会社もドイツに誕生していた。一九一二年には女性パイロットによるドーバー海峡横断飛行も成功。すでに触れたように、一九一四年に始まった第一次世界大戦でも、航空機は兵器として使用されるに至っている。

フロリダ州ペンサコラにあるアメリカ海軍航空博物館には、初期の複葉機から最新のジェット戦闘機までが展示され、米海軍航空機の歴史を一望することができる。

展示されている飛行艇「NC4」は、山本が初めてアメリカを訪れた一九一九年、大西洋横断に初めて成功している。また「ニューポール28」は、初めて軍艦の上から飛び立った車輪付の陸上機だ。一九一九年に、米海軍は軍艦にプラットホームを設営して艦上からの軍用機発進を実験し、これに成功した。一九二一年には、飛行機から投下した爆弾で、軍艦を沈める実験も行われている。

一方、日本初の飛行機導入も、明治四十三年(一九一〇)に始まっていた。陸海軍は航空機の軍事利用について、第一次世界大戦以前から検討していた。大戦中、ドイツ領の青島《チンタオ》攻撃では、実際に海軍航空部隊が参加、初の水上機母艦「若宮丸」からモーリス・ファルマン水上機が合計四十九回出撃し、航空偵察と爆撃を実施した。

壮年の海軍士官であった山本は、こうした動きと直接かかわってはいなかったが、渡米経験を経て、航空機の特に軍事利用について目を見開かされたことは想像に難くない。大正十五年（一九二六）に山本が再び駐在武官として渡米したときの補佐官だった三和義勇《みわよしたけ》の回想には、次のように記されている（「山本元帥の思ひ出」）。

この頃から元帥は米国航空の事については犀利《さいり》な眼で注視しておられた。当時太平洋横断飛行という事が米国航空界の大問題であったが、遺憾ながら我が航空界はまだこれと比肩するまでには立ち至っておらぬ。武官はこれらの飛行を研究して意見を出せと言われた。

## 海軍の航空畑に進む

高木惣吉著『山本五十六と米内光政』によれば、山本渡米時のアメリカ海軍では「制空権下の艦隊決戦というような標語とも思想ともつかぬ言葉」が飛び交っていたという。当然、海軍軍人として航空機に注目し始めた山本も、こうした兵術思想に触れ、強く影響されたことだろう。

防衛大学校名誉教授の田中宏巳氏は、次のように語る。

▼田中宏巳氏

「外国に行くと、必ずそこの国に行っている駐在武官の監督下に入る。だから駐在武官の影響は非常に大きいと思います。当時ワシントンにいらっしゃったのは、上田良武《よしたけ》さんですね。

この方は、山本さんが初めて会った航空畑の方ではないかと思う。食事とかいろいろ機会があったのでしょう。その上田さんから熱っぽく、これからは飛行機だという話をされて、山本さんはそれまで飛行機や自動車に関心はなかった状態だったと思うが、それが変わったのではないか。

当時のアメリカでは、郵便を少しでも早く届けようということで、飛行機の活用が始まるわけですが、それも山本さんにとっては刺激的だったと思う。飛行機がそういう使われ方までして普及している実態を見て、おそらく非常に驚いたのではないか。

飛行機や自動車にとって何が大事かというと、当然石油になるわけで、それで山本さんはカリフォルニアやテキサスの油田を見に行く。日本にはないわけですから。

確かテキサスでは、油田を買おうということまで彼はやっている。起業家精神も彼にはあるわけです。そうやって、石油の確保もこれからの時代は大事だ、と。自動車、飛行機、石油。これらが、これからの世界を動かしていくんだということを肌で知ったのだろうと思う」

当時駐米海軍武官を務めた上田良武大佐は、帰国後、航空機試験所長、航空本部技術部長など、海軍における航空機開発の要職を歴任した人物だ。山本が航空機の軍事利用や、その燃料となる石油に熱い視線を向けたきっかけは、上田の指導であったろうと、田中氏は推測している。

山本はのちに海軍次官在任中、「デトロイトの自動車工場とテキサスの油田を見ただけでも、日本の国力で、アメリカ相手の戦争も、建艦競争も、やり抜けるものではない」と語っている。つまり山本は、親友の堀悌吉と異なる道筋をたどりながらも、アメリカとの戦争は「不可能」という同様の結論に至っていたのだ。

最初の渡米から帰国した山本は、大正十年（一九二一）から一年半ほど海軍大学校の軍政教官を務めた。講義では、石油の重要性を説くとともに「海軍軍備は航空第一主義でなければならない」と論じた。

山本は、その後大正末から昭和初期にかけて、海上では巡洋艦「五十鈴」、航空母艦「赤城」の艦長や、第一航空戦隊司令官などを経験しつつ、自ら志願して海軍航空畑を歩むことになる。こうしたキャリアの原点には、アメリカで見た航空の発達と高度産業社会の光景が強く影響していたことだろう。

# 第三章　海軍の組織的問題

## （一）軍縮と海軍

### 海軍軍縮の機運

国家間の総力戦で、人類史上例を見ない甚大な被害をもたらした第一次世界大戦は、連合国側の勝利によって終戦を迎えた。大正八年（一九一九）、パリ講和会議においてベルサイユ条約が調印。世界はベルサイユ体制と呼ばれる新たな国際秩序によっておおわれることになる。

長く続いた大戦のさなか、主要参戦国のひとつであるロシア帝国が、共産主義革命によって崩壊。ソビエト政府（のちのソビエト社会主義共和国連邦）が誕生した。また大正九年

（一九二〇）には、アメリカのウィルソン大統領の提唱によって国際連盟が誕生するなど、新たな国際関係の構築が模索され始めていた。

日米両国は、日露戦争前後の満州開発参入、米国による中国大陸の「門戸開放・機会均等」政策の問題、さらには米西海岸での日系移民制限問題などを抱え、互いを「仮想敵国」とみなす国防方針を立てるようになっていた。

もっとも「仮想敵国」とは、本来直ちに敵対関係を意味するものではなく、地政学的関係上、軍備を行う目標となりうる対象国ということでしかない。日英同盟がいまだ継続中の日本海軍にとっては、ロシア海軍を駆逐したあとに太平洋で対峙する主要海軍国は、アメリカしかいなかった。

そして日本海軍は、アメリカ海軍に対し七割の海軍力を保有することを原則とするようになる。この七割という数値は、攻める側の艦隊は、迎え撃つ側の艦隊の五割増し以上の兵力優勢を必要とするという、当時の軍事常識によって導き出されたものだった。

日本の艦隊の戦力が「十」だとすると、アメリカ海軍は「十五」の力がなければ日本には勝てないということになる。すなわち、日本海軍はアメリカ海軍の六六・六六六…％以上の力を保てなければ、日米戦争に敗れるということを意味していた。これは、日露戦争前後に海軍大学校教官だった佐藤鉄太郎中佐や秋山真之少佐が、米海軍大学校などで学んだ、のちの「N二乗法則」となる内容を踏まえて案出したと言われている。

日米両国は、第一次世界大戦ではともに連合国側であった。しかし、大正五年（一九一六）にはアメリカが海軍の軍拡を目指したダニエルズ・プランを打ち出し、日本海軍も、海軍力整備目標として戦艦八隻、巡洋戦艦八隻の、いわゆる「八八艦隊」を計画するなど、建艦競争が激化していた。

列強と呼ばれる先進諸国は、植民地獲得競争と表裏を成すこうした軍備拡張を続けながらも、第一次世界大戦の悲惨な経験から、軍拡は「世界の破滅」をもたらすという認識も浮かんできていた。同時に、軍拡競争は膨大な経済的負担をもたらし、各国とも国家財政を深刻に圧迫していた。そこでまずは国際的緊張を緩和するため、海軍軍縮を真剣に考えるようになった。

またちょうどこの頃、米海軍は密かに日英最新戦艦の設計情報を入手し、これらがすでに大量建造中の米戦艦を上回る高性能であることに愕然としていた。

## 「大加藤」の決断

こうしたさまざまな要素が絡み合い、列強諸国の間で軍縮を議題とする国際会議の実現が叫ばれるようになる。

大正十年（一九二一）秋、アメリカのハーディング大統領の呼びかけでワシントン会議が開かれる。この会議では、列強それぞれの軍縮が討議されることになった。

ワシントン会議には、各国の政治・外交・軍事にかかわる重鎮たちが参加。日本は海軍大臣の加藤友三郎が首席全権となり、全権団には貴族院議長の徳川家達《いえさと》（徳川宗家の十六代目）と駐米大使の幣原《しではら》喜重郎らが任じられていた。

海大卒業後、海軍省の中枢である軍務局に勤務していた堀悌吉は、大正八年（一九一九）に中佐に進級し、山梨勝之進《かつのしん》大佐や野村吉三郎《きちさぶろう》大佐らとともに、加藤全権の随員として会議に参加した。そのほか加藤寛治《ひろはる》中将、末次信正大佐らも随員に加わっていた。この軍縮会議では、二人の「加藤提督」が主要な役割を果たすことから、加藤友三郎全権は、当時から「大加藤」と呼ばれていた。

十一月十二日の会議冒頭、議長を務めるアメリカのヒューズ全権は、参加各国の海軍について、今後十年間の建艦休止、建造中の主力艦や老朽艦の一部廃棄、主力艦の総トン数の制限という画期的な提案を行った。このとき、ヒューズは提案実行後の米・英・日の主力艦の比率を十・十・六と算定していた。

これに対し、加藤友三郎全権は大局に立って、ヒューズの案をその主義（考え方）においては受け入れ、全体として海軍軍縮に同意するとの演説を行い、各国の代表者を驚かせ大喝采を浴びた。新興国として、いわば「遅れて」列強の仲間入りを果たした日本は、欧米の大国の既得権益を守ることになる軍縮に、強く抵抗するとみなされていたからである。

しかし、加藤寛治ら海軍の随員の一部は、対英米七割を確保することを強硬に主張。それが容れられなかったことに強い不満を抱き、加藤友三郎全権と対立することになる。軍縮をめぐる論争は、いつの間にか比率をめぐるやや形式論的な議論の対立になってしまった。

このとき堀は、海軍対策案決定会議において、「我ガ方ヨリ比率問題ヲ起コス策ノ得タル者ニアラズ、我ガ方ハ比率論ヲ避ケ実質論ニ依ルベキ」と主張したという。すなわち、戦艦の性能や訓練による実力を考慮せず、単に隻数や排水トン数総量の比率にこだわって考えるべきではない、創意工夫のある軍備ならば六割でもよいのでは、というのだ。

しかし、この意見は「弱い」として、山梨を除く海軍随員には受け入れられなかった。

堀は、戦後に執筆した「海軍軍備制限ヲ中心トスル華府会議　弁妄篇」のなかで、軍備の実質を忘れた表面的比率論争が海軍の道を誤ったとし、「二十五年ヲ経タ今モ一大悔恨事」だと書き残している。

海軍内で起きた意見の対立は、どのような意味を持つのだろうか。帝塚山大学名誉教授で、政治外交史を専門とする関静雄氏は次のように語る。

**▼関静雄氏**

「加藤友三郎は海軍大臣として絶大な権威があった。最後には、彼らの頑強な抵抗を、大加藤は絶大な権威で抑え込んでしまうんですね。そして条約を成立させる。

そのため、海軍の一部はワシントン会議に対して、非常な不満を持つことになりました。そして帰国後、加藤寛治たちは、ワシントン条約というのは英米、特にアメリカの圧迫で対米六割に引き落とされたような屈辱的条約なんだと世の中に喧伝し始めます」

**不戦海軍論**

十二月二十七日、堀は加藤全権の伝言を筆記し、翌日それを携えていち早く帰国する。

ワシントン会議の中間報告として、留守を守る井出謙治海軍次官に、加藤全権の考えを伝えるためであった。

この伝言の中で、加藤友三郎は次のように発言している（「堀悌吉自伝ノート」）。

国防は軍人の専有物に非《あら》ず。戦争も亦《また》軍人のみにて為し得べきものに在らず。国家総動員して之に当るに非ざれば目的を達し難し。故に一方にては軍備を整ふると同時に民間工業力を発達せしめ貿易を奨励し、真に国力を充実するに非ずんば如何に軍備の充実あるも活用する能《あた》わず。平たく言へば金が無ければ戦争は出来ぬと云ふことなり。（……）

仮に軍備は米国に拮抗するの力ありと仮定するも、日露戦争の時の如き少額の金では戦争は出来ず。然《しか》らば其の金は何処《いずこ》より之を得べしやといふに、米国以外に日本の外債に応じ得る国は見当らず。而《しこう》して其の米国が敵であるとすれば此の途は塞がるるが故に、日本は自力にて軍資を造り出さざるべからず。此の覚悟の無き限り戦争は出来ず、英仏は在りと雖《いえど》も当てに成らず、斯《か》く論ずれば結論として日米戦争は不可能といふことになる。（……）

茲《ここ》に於て日本は米国との戦争を避くるを必要とす。重ねて言へば武備は資力を伴ふに非ざれば如何ともする能わず。出来得る丈《だ》け日米戦争を避け（……）国防は国力に相応する武力を整ふると同時に国力を涵養《かんよう》し、一方外交手段に依り戦争を避くることが、目下の時勢に於て国防の本義なりと信ず。即ち国防は軍人の専有物に在らずとの結論に到着す。

この伝言は、国防も戦争ももはや軍人だけの問題ではなく、国家を総動員してあたらなければならないこと、そして「国防の本義」とは、国力に応じた武力を整える一方で、外交手段によって戦争を避けることにあるという「不戦海軍論」に基づく国防観を記したものであった。「屈辱的」と評した加藤寛治らに対する反論とも読める内容だ。

さらに加藤友三郎は続けて言う。

米国提案の所謂《いわゆる》10・10・6は不満足なるもBut if此の軍備制限案成立せざる場合を想像すれば、寧《むし》ろ10・10・6で我慢するを結果に於て得策とすべからずや。

つまり、対米英六割は不満足ではあるけれども、もし米英との自由建艦競争になったら総合的国力比から見て、六割どころかそれ以下さえも達成できなくなるだろう、六割で妥結すればむしろ米英を日本の六分の十に制限できるのだから、その方が得策ではないかというのである。

後年、軍縮条約脱退後に米国が大建艦計画を実行した結果からすれば、まさに財政面も含め、大局を見た加藤全権「不戦海軍論」の真髄部分である。

しかし、こうした財政・外交を含む国家的観点からの戦略が理解できない軍人も多かった。軍令部を中心に「艦隊決戦」にこだわった軍人が、のちに艦隊派と呼ばれる勢力となってゆく。

今回取材した「堀悌吉自伝ノート」によれば、この伝言作成時には加藤友三郎自身が、加藤寛治も同席させて内容を語り聞かせ、加藤寛治に「(加藤友三郎)全権は大局より見て其の所信を断行せられたるものなり」と付記させている。そしてこの伝言を堀に託したということは、堀が加藤友三郎の真意を深く理解していたからに他ならない。

結果、英米との鋭い対立を避けるという全局的観点から、加藤は海軍の比率に関するアメリカの提案を受け入れた。最終的な条件は、主力艦と空母の保有比率を、米・英が十、日本が六、そしてフランスとイタリアが三・三（空母は四・四）とするものだった。さらに、今後十年間、主力艦の建造を休止することに合意に達した。

## ロンドン海軍軍縮会議

だが、ワシントン会議で決まった六割に不満を募らす日本海軍は、主力艦での劣勢を挽回しようと、大型潜水艦や一万トンクラスの大型巡洋艦などの補助艦を次々に建造してアメリカに対抗しようとした。さらなる軍拡の開始である。すると、今度はこうした補助艦についても保有数を制限する軍縮の機運が高まってくる。

そして昭和二年（一九二七）、ジュネーブ軍縮会議が開かれた。日本の首席全権は、のちに二・二六事件で殺された斎藤実《まこと》海軍大将で、堀悌吉も首席全権の随員として参加。だが、会議に参加したのは日・米・英の三か国だけで、フランスとイタリアは出席しなかった。結局、合意には至らず会議は失敗に終わる。

しかし、日本の建艦状況を見て、補助艦の軍拡を制限する国際的な枠組みの必要を痛感していたアメリカは、昭和五年（一九三〇）にロンドン軍縮会議の開催にこぎつけた。

昭和四年（一九二九）十一月十二日、山本はロンドン海軍軍縮会議全権委員の海軍側随員を命ぜられ、ロンドンに渡った。軍縮問題を担当する海軍省軍務局長になっていた、堀の推薦によるものである。山本は出発に当たり、海軍少将へと進級している。日本の首席全権は元首相の若槻《わかつき》礼次郎、海軍大臣の財部彪《たからべたけし》、駐英大使の松平恒雄、駐ベルギー大使の永井松三の計四人である。

山本を含む全権団は、日本を発つ前に閣議決定された「不脅威不侵略の軍備」を実現する「三大原則」を主張し、参加国に認めさせることを任務としていた。端的に言えば、補助艦兵力の対米七割を認めさせるという内容だった。海軍は、すでに悲願となっていた対米七割を実現することに強く固執していたのだ。

## 「鉄拳をもって制裁する」

ロンドン軍縮会議は昭和五年(一九三〇)一月二十一日に始まり、十回に及ぶ話し合いが持たれたが、なかなか妥協点は見いだせなかった。

その後、日米の直接会談で、補助艦の総トン数では対米比六割九分七厘五毛とし、大型巡洋艦は対米六割二厘、軽巡洋艦と駆逐艦は対米七割、そして潜水艦は対米同量の十割とするという妥協案が浮上。日本側の要望する対米七割に近づいた内容だった。

しかし、山本ら海軍随員は納得しない。海軍側を参加させず、その専門的観点を踏まえずに妥協案がまとめられたことから、特に山本や山口多聞中佐が激しく反対し、交渉の継続を主張した。そのため、日本の代表団は分裂に陥った。

本国では、海軍軍令部と海軍省との間で駆引きが始まっていた。当時、海軍を統括する中央機関は、行政権に基づき政府・内閣を構成する海軍省と、統帥権に直属する海軍軍令部とに分かれていた。海軍省は政府の一員として海軍政策、人事や予算、軍備などの軍政を担当し、軍令部は政府から独立して、戦争になった際の海軍作戦計画を立案・統括していた。

軍令部の加藤寛治部長や末次信正次長は、「三大原則」の「補助艦総括七割、大型巡洋艦の対米七割の確保、潜水艦現有量（対米約十五割）維持」を至上命題とし、一歩も引かぬ構えだった。

一方、山本の親友である堀は、このとき海軍省軍務局長として、遥か遠くのロンドン会議の帰趨《きすう》を見守っていた。海軍省も、対米七割を目指すことに変わりはなかったが、時の濱口《はまぐち》雄《お》幸《さち》内閣は国際協調をはかり、財政破綻を避けるためには妥協もやむなしと考えていた。そのため、ロンドンの財部彪海軍大臣を支える、本国の山梨勝之進海軍次官、堀軍務局長、古賀峯一先任副官、岡田啓介前海相は、なんとか妥協点を見出そうとしていた。

ロンドンでは、英米からさらなる譲歩を引き出そうと苦心する山本ら海軍随員に対して、大蔵省から派遣された賀屋興宣《かやおきのり》（のちに大蔵大臣）が、財政負担の軽減のために大幅な妥協を主張していた。賀屋の証言によれば、そのとき山本は「全海軍は鉄拳をもって賀屋を制裁する」と語り、「賀屋黙れ、なお言うと鉄拳が飛ぶぞ」と言ったともいう。

## 海軍随員をまとめた山本

最終的に、先の妥協案をもって、ロンドン軍縮条約は四月二十二日に調印された。補助艦総括の総トン数では、対米比六割九分七厘五毛。対米七割にはわずかに届かなかった。

田中宏巳氏は、山本の軍縮に対する姿勢を次のように見る。

▼田中宏巳氏

「条約に反対する人や賛成する人が山本さんをどう見たかというと、たぶんどちらの派も自分たちの仲間だと思っていた。条約反対派の人たちは「山本は俺たちの言い分を聞いて行動してくれる」と思っていたようですし、条約賛成派の人も「山本は条約賛成の意味を良く知っている」と思っている。

山本さんが条約の問題をなんとか生き抜けたというのは、旗色を鮮明にしなかったからでしょう。自分でははっきり言わないで、どちらにも味方だと思われたというのが、山本さんが生き残れた大きな理由だと思います。

どうも山本さんのスタンスというのは、軍縮に関しては曖昧模糊としている。腹の中では日本の軍艦を一隻も削っちゃいけない、と。ただ自分の親しい仲間や、日本の国情を考えたら、外国と条約を締結して軍縮を結ぶのも仕方がないんじゃないのか、と。

たぶん山本さんは苦しんでいた。苦しんで自分の意見をはっきり出さなかったことが、彼が生き残り、のちの連合艦隊司令長官に繋がったと思う。決して軍縮を積極的にやろうという人ではなかったということは間違いない」


妥協案を受け入れるか否かで紛糾したとき、なおも反対を続ける海軍随員を抑える役割を果たしたのは、ほかならぬ山本だった。

軍縮会議の大詰めで、東京の海軍省から「米英と妥協案で妥結すべし」との回訓を受け、財部彪海軍大臣は、海軍随員全員に対し、大局的観点から本国政府に従って最終妥協案を受諾する旨決意を述べた。

このとき妥協にはほぼ全員が反対であり、興奮する海軍随員に対し、事務局長的な存在であった山本は、次のように述べたという。その記述が、軍令部参謀中村亀三郎の極秘報告書のなかにあった（海上自衛隊幹部学校所蔵）。

右に対し山本少将より

自分一個の考なるも、多く随員は同感なるべし。随員は軍紀を紊《みだ》るが如きことあるべからず。大臣の此の際に処し自重せらるるは、尚重要なる会議事項の存するに依ると思考す。今回の回訓は出来得る限り広義に解釈し努力あらんことを望む。

**調印の背景**

山本は、最終段階において、妥協案に反対する海軍随員の不満を抑え、「軍紀を紊」すな、つまり財部海相の最終判断に従うようにと、全員に諭したのである。

また、財部海相は辞任するか、あるいは妥協案反対を示すために、会議途中で日本に引き上げるべきだという随員の強硬意見に対し、そのまま職に留まり、かつロンドン会議からも引き上げないという海相の決意は、「尚重要なる会議事項の存する」からだと擁護している。

そして、この妥協案を受諾せよという東京からの回訓は「出来得る限り広義に解釈し」、引き続き仏伊の交渉状況を見ながら、少しでも日本が実利を獲得できるよう、最後まで英米との細部取り詰め交渉（主に各国海軍専門委員同士の会議）で努力を続けるべきだと説く。実際、回訓後の交渉では山本たちの努力により、製艦能力維持のための潜水艦の代換建造、軽巡洋艦や駆逐艦の繰上げ建造などを英米両国と取り決めている。

『ロンドン海軍条約成立史』などの著書がある関静雄氏は、こうした山本の姿勢を次のように分析する。

▼**関静雄氏**

「彼は軍人としてですね、また次席随員として主張すべきことは強く主張するという態度だった。しかし、政府が自分たちと異なるような決定をいったん下したら、自分たちは如何にそれに不満があっても、それに従わざるを得ない。従うべきだ、と。

職務に全身全力をかけて集中してやっていく。しかし駄目ならば仕方がない。規律は乱さず、職務に忠実であるべきだという、こういうスタンスは、彼の一生を貫いた特徴だと思います」

ロンドン軍縮条約では、アメリカは大型巡洋艦四隻の起工を遅らせることになったので、懸案だった大型巡洋艦の対米比率は当面実質七割二分となり、条約最終年の昭和十一年(一九三六)にはじめて七割を割って六割八分となるという成果を挙げていた。つまり、表面を譲って実を獲っていたのである。しかしこのことは一般にはあまり知られず、不満のみが喧伝されることになる。

## (二) 海軍内に広がる亀裂

### 条約派と艦隊派

ロンドン軍縮条約の受け入れ過程で、海軍には大きな亀裂が生じていた。

先に触れたように、条約に賛成する海軍省を中心とするグループ、これを「条約派」と呼ぶ。具体的には加藤友三郎亡きあと、山梨勝之進、堀悌吉らがその後継者と目された。一方、条約に反対する加藤寛治や末次信正、南雲忠一ら軍令部を中心とする勢力は「艦隊派」と呼ばれた。

もとより、彼ら自身が「○○派」と名乗ったわけではない。だが、そのレッテルはやがて現実的な様相を帯びて、条約派と艦隊派の意見対立は大きな波紋を呼ぶことになる。工藤美知尋氏は次のように指摘する。

**▼工藤美知尋氏**

「ロンドン会議から、艦隊派、条約派というグループ分けがされるようになりましたが、それまではありませんでした。主に新聞などのジャーナリスティックな用語として、条約派、艦隊派という言い方がされるようになります。

海軍は不可分的に外交や、国際情勢と固く結びついています。海軍の艦船一隻を外国に出動させるということは、外交問題になるわけです。ですから、そういうことをつかさどるのは、軍令部の作戦畑ではなくて、（行政畑の）海軍大臣が一人で取り仕切っている。つまり海軍省が優位なのです。

それがロンドン会議になると、だんだん軍令部のほうが強硬になってくる。ジャーナリズムが（海軍省の）「条約派」に対する軍令部の「艦隊派」というレッテルを貼って、対立を煽ったことが、のちに禍根を残すことになったと思います」

前述のように、財政破綻の回避を目指す濱口内閣は、軍縮条約の批准を目指していた。また統帥権によって海軍軍令部を直接つかさどるとされていた昭和天皇も、軍縮条約を支持していた。反対していた加藤寛治や末次らも一旦は条約締結に同意し、全体として、条約締結・軍縮実現はもはや趨勢となっていた。

しかし、時の野党政友会を率いる犬養毅は、鳩山一郎らとともに、民政党の濱口内閣を攻撃する口実として、この対立を政争に利用した。すなわち、天皇の統帥権を輔翼するのは、海軍では軍令部であり軍令部長であり、その加藤寛治軍令部長が反対する条約を政府が結んだのは、統帥権を犯す所業であるとして、政府攻撃を始めたのだ。いわゆる「統帥権干犯」問題である。

この動きに蒸し返されるかのように、一旦は収まっていた条約に

| 艦隊派 | 条約派 |
|---|---|
| 伏見宮博恭王 | 加藤友三郎 |
| 加藤寛治 | 山梨勝之進 |
| 末次信正 | 堀悌吉 |

反対する艦隊派、あるいは退役軍人らが動き出す。海軍の長老「（東郷平八郎）元帥や（伏見宮博恭王）殿下を渦中に捲《ま》き入れ」（「堀悌吉自伝ノート」）、野党勢力も相俟って、条約への反対を国民運動化しようという動きが生じた。その後、濱口首相の暗殺や、軍縮条約を不満とする海軍の過激派青年将校が中心となって五・一五事件が起きている。

「堀悌吉自伝ノート」のなかで堀は、条約締結にいたる過程を詳述し、「統帥権干犯の事実はなかった」ことを明確に書き残している。この頃、濱口内閣の粟山《もみやま》博海軍政務官は、「歴史というものは永久に真実を伝えられずに終わることがあるね」という堀の言葉を聞いたという。堀が丹念に資料や記録を残したのは、こうした想いもあったからかもしれない。

## 満州事変の勃発

昭和六年（一九三一）九月十八日、中国の奉天郊外の柳条湖で、日本の関東軍が南満州鉄道を爆破。これをきっかけに関東軍は満州（中国東北部）各地で軍事行動を展開していく。満州事変である。

事件は、満州を軍事支配することを狙った関東軍高級参謀の板垣征四郎大佐と、関東軍作戦参謀の石原莞爾《かんじ》中佐が引き起こした謀略であった。満州事変は、のちに満州国の建国へとつながり、日本の国際連盟脱退や、中国権益への進出を狙うアメリカとの対立を招くことになる。

満州事変の戦火は、上海にも飛び火した（第一次上海事変）。しかしそれは、関東軍の満州制圧に対する国際的な批判をそらすために計画されたものだった。そのきっかけとなった日本人僧侶襲撃事件も、駐在陸軍武官の田中隆吉少佐らの謀略であったことが、今日では明らかになっている。

昭和七年（一九三二）、日本租界の居留民保護を任務とする海軍の陸戦隊が、上海郊外で中国軍と市街戦に突入すると、堀司令官が率いる第三戦隊（軽巡洋艦・駆逐艦部隊）が、急遽上海に派遣された。

上海の入り口である呉淞《ウースン》に到着すると、第三戦隊は現地の砲台から突然砲撃を受けた。このとき堀司令官は、ただちに反撃を命ずるのではなく、一時避退したのちに反撃に転じた。堀は、まず居留民の安全を確保し、あわせて国際公法を遵守するため、あえて一旦後退。民間人に被害が及ばぬよう付近の外国船舶等に攻撃を予告し、さらに砲台以外の民家に被害が及ばないよう精確に照準させて砲撃したのだった。

## 艦隊派の思惑

しかし、この堀の行動に対し、堀を快く思わない艦隊派は、ここぞとばかりに攻撃を開始する。「戦闘準備を怠っていた」との一方的な非難が堀に向けられた。

艦隊派の中心人物とされる加藤寛治の日記には、堀司令官坐乗の旗艦軽巡「那珂」航海長の話として「堀の呉淞砲台初発の時、何等戦闘準備を無しあらずして周章《しゅうしょう》狼狽《ろうばい》蒼惶《そうこう》抜錨《ばつびょう》逃亡せりと云ふ」と記されている。堀はまったく戦闘準備をしていなかったので、ただ慌てふためいて逃げ出した、というのだ。

一方、堀司令官指揮下の軽巡「由良」の谷本馬《ま》太郎《たろう》艦長は「司令官の判断に一点の非難すべき点はない。現状を認識せず、ただ堀さんを陥れんがための非難である」と憤慨していたという。

のちに堀自身は、第一次上海事変について次のように述べている。

> 平戦時公法の無視蹂躙、兵力濫用の修羅道である。戦果誇張、功名争ひの餓鬼道の展開である。さらに同僚排撃の醜悪なる畜生道である。一言にして上品に言ふても武士道の極端なる堕落である。斯様な場所で斯様な友軍と協同して警備に従事せねばなら

なかったのは自分の不幸な廻り合はせである。

この第一次上海事変では、中国軍を退却させた日本の上海派遣軍司令官、白川義則陸軍大将が出陣の際の昭和天皇の意に従い、参謀本部の追撃指令を無視して戦闘を止め、五月には停戦協定が締結されている。

## 『五峯録』に見られる記述

すでに述べたように、『五峯録』の「五」とは山本五十六のこと、「峯」とは古賀峯一のことである。『五峯録』とは、この二人の盟友を中心にして書かれた記録と見てよい。海軍中央で軍令部次長まで務めた古賀は、欧米協調派とされる人物で、山本や堀とも親しかった人物である。

この『五峯録』には、満州事変当時、海軍部内で艦隊派が次第に勢力を増していく様子が記されていた。堀自身の言葉を引用する。

軍令部の諸員や、艦隊派と自称する者や、又是等に比周する人々が不安なる世相を反映し之と呼応して、部内を思ふがままに曳《ひ》きまはして居る様に見えて居た時であって、動々《やや》もすれば落ちついて考へる努力を惜み、而《しか》も人前では大きな強いことを云ふ様な風潮が一般を支配し始めて居たのである。

堀は、軍令部や艦隊派が強硬な世論を味方につけながら、海軍部内で勢力を伸ばしていると指摘。そのうえで、冷静に物事を判断することなく、人前で大言壮語する風潮が、海軍内や世間一般を支配し始めていたという。

艦隊派は、海軍部内の対立や混乱を収束させるための処置として、陸軍参謀本部の参謀総長に閑院宮載仁《かんいんのみやことひと》親王が就任したことを理由に、海軍軍令部の軍令部長に同じく宮様の伏見宮博恭王を据えるという工作を行った。伏見宮博恭王は、加藤寛治と同時期にイギリスに駐在していたこともあり、強いつながりを持っていたことで知られている。

また、大正十二年（一九二三）に堀が軽巡洋艦「五十鈴」の艦長になった際には、海軍少尉として乗り組んでいた博恭王の第二王子博忠王《ひろただおう》が病を発して逝去するということがあった。それ以来、博恭王と堀との間に、微妙な空気があったとも指摘されている。第一次上海事変の折に堀が批判されたことを受けて、伏見宮は「堀は実施部隊の指揮官には不適当」

とまで評していた。

## 相次ぐ条約派の更迭

満州事変の勃発以来、日本は強い国際的な非難にさらされていた。

昭和七年（一九三二）三月に満州国が建国を宣言するも、中華民国の要請を受けた国際連盟が、リットン調査団を派遣。その調査報告に基づき、国連は満州国が日本の傀儡《かいらい》政権であると認定し、日本に満州国の承認の撤回を求める勧告案を採択した。

これを受け、国連代表の松岡洋右《ようすけ》は「日本は断じてこの勧告の受諾を拒否する」として席を立ち、昭和八年（一九三三）三月二十七日、日本は国際連盟からの脱退を表明。国際的な孤立の道を歩み始めた。

海軍では、昭和六年（一九三一）十二月に大角岑生《みねお》が海軍大臣となっていた。大角は海軍兵学校二十四期。日露戦争で活躍後、東郷平八郎元帥の副官を務めたことで知られている。軍縮条約にはほとんど関係せず、艦隊派と条約派の抗争にも局外中立の立場だったのが功を奏し、海軍大臣のポストを得たとされている。

しかし堀は「堀悌吉自伝ノート」の中で、「大角氏の如き者までが、（海軍）次官になったとき「あの加藤（友三郎大臣）・井出（謙治次官）時代の諸制度は皆悪いのだから元にかへせば間違い無い」と放言して居た」と記述している。

海相就任後の大角は、海軍内で主導権を握りつつあった艦隊派に接近。条約派と目される主に軍政畑（海軍省系）の提督たちを、次々に予備役に編入し、海軍から一掃するという「大角人事」を遂行した。伏見宮博恭王の威光を背景とする強硬人事であったとされる。そのため、後年の海相候補者に軍令畑出身者が増えることにもなった。

まず標的となったのは、条約派の中心人物とされ、堀に篤い信頼を寄せていた山梨勝之進だった。元海軍次官の山梨は昭和七年（一九三二）に海軍大将に進級したが、翌八年（一九三三）三月に予備役に追いやられた。その半年後、条約派の重鎮とされた谷口尚眞《なおみ》大将が予備役となり、昭和九年（一九三四）には左近司政三《さこんじせいぞう》中将や寺島健中将、坂野常善中将も、大角の発した辞令で予備役に編入された。

工藤美知尋氏は、大角人事によってリベラルな海軍が失せたと述べる。

### ▼工藤美知尋氏

「海軍省のエリートたち、将来海軍大臣になって、海軍をつかさどるだろうと思われた人間を続々とリストラしていったわけです。予備役というのは、要するに海軍政策にタッチさせないわけですから、リベラルな海軍というものが、だんだんと失せていった。

ロンドン海軍軍縮条約をよしとした条約派が、だんだん形勢が悪くなってしまった。そして、海軍軍令部のいわゆる艦隊派勢力が、ぐっと増してしまった。艦隊派のほうが威勢がいい。なんてったって七割艦隊というグループです。大角人事によって、艦隊派に正面切って反対する人間があまりいなくなってしまった。それは、日本全体の世論のバランスが崩れてきたことと表裏一体になっています」

## 山本の直訴

その大角人事において、最後の標的とされたのが、ほかならぬ堀であった。艦隊派は先述の呉淞砲台砲撃事件のほか、堀の指揮官としての資質を疑わせるような画策を行い、失脚を図った。その旗振り役を、のちに真珠湾攻撃の機動部隊を率いる南雲忠一が担う。

このとき山本は、第二次ロンドン軍縮会議の予備交渉に海軍代表として参加する準備に忙しかった。ワシントン条約やロンドン条約の期限が切れることを見越して、新たな軍縮条約を結びなおすための予備交渉であった。

しかし、親友である堀の見識を高く評価していた山本は、堀を守るために動いていた。ロンドンに出発する直前の昭和九年（一九三四）九月十一日、山本は、艦隊派の中心と目されていた軍令部総長の伏見宮博恭王に、堀について直接意見したのである。このとき、山本が認めた「軍縮代表受命ニ方《あた》リ軍令部総長宮ニ言上覚」はその後下げ渡され、堀が大切に保管していた。

山本は、この中で「海軍人事が神聖公明に行はれ」、堀を要職、すなわち現役にとどめるように求めている。さらに、堀についての悪評は、根拠のない誹謗であることを記し、人事の公正こそが海軍結束の唯一の道だと強調した。

半藤一利氏が、山本の胸中に思いを馳せる。

**▼半藤一利氏**

「山本さんは、許しがたいことだと考えていたと思いますよ。軍令部総長に「堀さんを首にしないでくれ」という手紙を出している。軍令部総長の伏見宮さまは大権威です。そこに手紙を出して意見具申をするというのは、相当な度胸がいることだと思います。それを本気でやったというのは、やっぱり山本さんと堀さんの結びつきはそうとう深いものがあったと思いますよね。

山本さんが「堀を首にするような海軍は俺はやめる」と言うと、堀さんが「お前がやめたらどうするんだ、後は誰もいないじゃないか」と言うんで、思いとどまったなんて話も聞こえていますけれども。

いわゆる大角人事という大薙刀《おおなぎなた》を振るって、次から次へと予備役にするわけですよね。対米強硬派は、本当に海軍の主流になったと言ってもいいんじゃないですか。うるさいことを言うのを全部はずしたんですから」

山本の「言上覚」には、欄外に鉛筆書きで、伏見宮からは「今曰《いわ》れたことは一々同感なり、殊に堀、塩澤に関することをはじめ人事の公正に就《つい》ては深く考え居るに付安心して貰いたし」との御言葉ありと記されている。

## （三） 海軍から去る堀

### ロンドンからの手紙

だが、山本らの訴えは握りつぶされてしまう。

昭和九年（一九三四）十月二十六日、海軍最高進級会議において堀や坂野の予備役編入が決まった。そして十二月十五日をもって、堀悌吉中将は予備役に編入された。このときまだ五十一歳の働き盛りであった。

堀は、先に紹介した「堀悌吉自伝ノート」の「海軍現役ヲ離ルル迄」と題した回想録のなかで、その状況をつぶさに記録している。堀は、自分を追い落とした艦隊派の動きを冷静に捉え、艦隊派の領袖とされる加藤寛治が、実は末次信正や高橋三吉といった部下に巧みに操られていることを分析。海軍と日本の行く末を案じながらも、自らの左遷人事を粛然と受け止めている様子がうかがえる。

山本は、軍縮会議の予備交渉のために滞在していたロンドンで、堀失脚の知らせを受けた。そのとき、山本が堀に宛てた手紙がある。今回取材でその原紙を見ると、心なしか筆勢がなく沈んだ文字が並んでいる。

堀兄

吉田（善吾）よりの第一信に依り君の運命を承知し、爾来怏々《じらいおうおう》の念に不堪《たえず》、出発前相当の直言を総長（伏見宮）にも大臣（大角）にも申述べ大体安心して出発せるに、事茲《ここ》に到りしは誠に心外に不堪、坂野（常善）の件等を併せ考ふるに、海軍の前途は真に寒心の至りなり。如此《かくのごとき》人事か行はる、今日の海軍に対し、之か救済の為努力するも到底六《むつ》かしと思はる。矢張《やはり》山梨（勝之進）さんが言はれし如く、海軍自体の慢心に斃《たお》るるの悲境に一旦陥りたる後、立直すの外なきにあらざるやを思わしむ。

爾来会商（軍縮交渉）に対する張合も抜け、身を殺しても海軍の為などといふ意気込はなくなってしまった。（……）

大体蔭で大きな強いことをいふが、自分で乗り出してやつて見るだけの気骨もない連中だけだから、ただびくびくして居るに過ぎないのも已《や》むを得ないが、もともと再三固辞したのを引出して置きながら注文もあつたものではない。

此手紙の届く迄には引上げて居るかも知れぬが、思ふことを話す人もないのは誠にただ寂しい。今日迄とうとう手紙をかく気にもなれなかつた。御諒察を乞ふ。向寒御自愛をたゝ祈るのみ。

山本は、自分の意見が握りつぶされ、堀を守ることができなかったことを心外に堪えないとし、海軍の現状に強い不満と、その将来に対する悲観的な見通しを吐露している。このとき山本は「巡洋艦戦隊の一隊と堀悌吉と、どちらが海軍にとって大事なのか分かっているのか」と嘆いたともいう。

## 「一抹の淋しさ」

堀が予備役編入となった昭和九年（一九三四）十二月十五日、大角海軍大臣は恒例によって水交社で離別の宴席を催した。堀は「海軍現役ヲ離ルル迄」のなかで、このときの心情を記している。

自分は天空海濶《かいかつ》、淡々たる気持で海軍を去る心境に住せんことを努めたのだが、どこかに一抹の淋しさの潜在するのを如何ともすることが出来なかった。

芳賀徹氏は、予備役に編入された堀の心境を次のように推察する。

▼**芳賀徹氏**

「非常に憤慨したでしょうね。自分が海軍を去るときの心境を文章で書いていますが、あれは堀悌吉としてはかなり私情を露わにした文章です。軍の一部がいかに悪辣《あくらつ》に策略をめぐらしていて、国際派、平和派を抑え込んだかということが、実名を挙げて書かれている。非常に遺憾に思ったのでしょうね。

堀悌吉は剃刀《かみそり》みたいに鋭かった。堀のことをよく知っている人は、あれほどいい友達はいなかった、彼にはどうしても頭が上がらない、と言う。その分、周りから反発もあったのではないか。堀は共産主義者だ、社会主義者だ、単なる平和主義者だという風評が立ってくる。堀が何をやるにしても、それにかこつけて解釈をする。それが海軍の中の一部にずっと続いていた。

ちょっと尊大かもしれないけれど、自分がいなくなるということは、海軍だけでなくて日本にとってもよくないことだと、堀は予感していたでしょうね」

## 友を訪ねて

山本が参加していた第二次ロンドン軍縮会議の予備交渉は、不調に終わった。

海軍の総意は、軍縮条約を破棄して「対米六割」の制約から離れ、自由な建艦を目指すというのが既定路線となっていた。一方で山本に託された軍備対等を基礎とする提案は、とうてい英米をはじめとする参加諸国の理解を得られる内容ではなかった。

山本は予備交渉が休会となったとき、ロンドンの宿舎から兄季八に向けて手紙を送っている（昭和九年十二月十三日付）。「たた会議もなかなか進捗せす、国運を賭ての大事なれハ、容易ニ決裂も出来す、全力奮闘のほかなしと存居候」。そのときの苦悩を率直に語っている。なお山本は、この滞英中に海軍中将に進級していた。

この頃、国内では軍縮反対の世論が大きくなっていた。軍縮案をまとめられずに帰国した山本は、出迎えの民衆に東京駅で大歓迎を受けた。しかし艦隊派中心の海軍首脳部は、新条約の締結に向けて熱心に交渉した山本に対し冷淡だった。

そして、堀を守れなかった山本の心中は鬱々としていた。帰国後、ふさわしいポストがすぐには用意されていなかったこともあり、山本は郷里の長岡にしばしばひきこもり、失意の日々を過ごしたという。

海軍を去った堀は、故郷の大分県杵築に帰っていた。山本は杵築まで何度も足を運んでいる。盟友の堀を慰めるためでもあり、自らの不遇を振り返り、海軍将官としての来し方行く末を深く考えるためでもあったろう。

堀のもとには、退役直後からさまざまな再就職の斡旋があった。なかでも山本と古賀峯一は、とても親身になって就職口を探してくれたという。後年、堀は次のように振り返っている（「堀悌吉自伝ノート」）。


山本は口には出さなかったが、自分に物心両面に於《おけ》る不自由をさせまいと涙の出るほど気をつけてくれた。又、古賀は常に自分に向かって何か不自由はないかと言って呉《く》れた。而《しこう》して両氏とも自分の就職に関してあらゆる心遣ひをして居たのであった。


実際に堀の再就職が決まるのは、二年後のことだった。山本が紹介したのは日本飛行機株式会社。堀は同社の社長として迎え入れられることとなる。

堀の実家を守る甥の矢野正昭氏（八十七歳）は、杵築を訪ねてきた山本の姿をよく覚えているという。

**▼矢野正昭氏**

「山本さんは、別府からうちに来るときは私服を着て、中折れ帽をかぶって、背広を着てローカル電車に乗って訪ねてきた。昼めしを食ったり、おやじが作ったイチゴをその部屋で山本さんに食わせた。好々爺《こうこうや》じゃないわな。軍人さんで目ん玉ぎょろっとさせて入ってきた。我々を坊やとか坊ちゃんとかいうこともなく、厳しいなと思った」

矢野氏の家には、山本が「国雖大好戦必亡　天下雖安忘戦必危」と認めた書が残されていた。「長陵」という、山本の号が記されている。

国大なりといえども　戦を好めば必ず亡び
天下安しといえども　戦を忘るれば必ず危うし

大国といえども、戦いを好めば必ず滅亡するし、今が平和といえども、戦を忘れたら危うい。

この『司馬法』の警句は、山本が好んで記した言葉だという。海外を侵略するための戦争や軍拡を好むことに対して鋭い警鐘を鳴らすとともに、目先の平和や安逸に堕して、平時に戦の備えを忘れてしまうことも強く戒めた言葉である。それは、加藤友三郎の「不戦海軍論」にも通じる言葉でもあろう。

# 第四章　海軍航空にかける想い

## （一）　航空兵力の充実

### 航空本部長に就任

昭和十年（一九三五）十二月、五か国が参加して第二次ロンドン軍縮の本会議が開かれる。全権は前軍事参議官の永野修身大将と特命全権大使の永井松三である。山本は永野から随行を求められたが、これを断っていた。予備交渉を行った山本からすれば、日本側が軍縮に関する自国の主張を根本的に修正しない限り、交渉の妥結はとうてい考えられないことだった。成立する見込みのない軍縮会議に出るのは、山本には受け入れられなかったのだろう。

軍縮会議の動向を横目で見ながら、堀もいなくなった海軍でしばらく無任所だった山本は失意の日々を過ごす。自分も海軍を辞めたいとも考えながら、故郷の長岡に引きこもる日々が続いたという。

堀は、山本まで海軍を去らせるようなことがあってはならないと考え、三月十六日、同期の吉田善吾軍務局長に、山本の進退について希望を述べた。そして山本は、ようやく昭和十年（一九三五）十二月二日付で海軍航空本部長を命ぜられた。

アメリカでの体験から航空機に着目していた山本は、軍縮離脱後の海軍軍備を考えて、本格的に国産航空機の開発に力を注ぐことになる。すでに山本は、大正十三年（一九二四）に霞ヶ浦航空隊勤務となり副長兼教頭を務めて以来、海軍航空の実施部隊での経験も積んでおり、航空畑との縁は深かった。当時から山本は、海軍航空の近代化を目指し、職人的な技倆《ぎりょう》に頼っていた航空機の操縦も、計器類を充実させて可能なかぎり平準化し、科学的・理論的基礎の上に航空機を運用できるよう指導していた。

また、昭和五年（一九三〇）に航空本部技術部長となった折には、かねてから海軍航空の悲願となっていた国産航空機開発を軌道に乗せるため、技術部の和田操《みさお》中佐が立案した民間会社を活用した競争試作によって、国産機開発を進める計画を後押しした。その結果、中島飛行機や三菱内燃機（のちの三菱航空機）など、合計八社の民間会社が開発に参入。激しい競争のなかで、技術開発は飛躍的に進歩していった。

## 「零戦」の誕生

こうした経験を積み、昭和十年に航空本部長となった山本は、純国産航空機の開発に本格的に取り組んだ。

昭和初期、いくつもの国産航空機の試作機が作られては、失敗を繰り返していた。しかし、東京帝国大学の航空学科を首席で卒業し、三菱内燃機の設計技師となった堀越二郎が主任となって設計・開発された、九六式艦上戦闘機（九六艦戦）の登場によって、日本の戦闘機はようやく世界水準と言えるレベルに達していた。

九六艦戦は中国戦線で実績を挙げた。しかし、航空機開発のスピードは速い。対英米戦争が現実的となってくると、瞬く間に敵航空機の技術は日本のそれを追い抜いて行くに違いない。

山本が航空本部長に就任して二年後の昭和十二年（一九三七）五月、海軍は新型戦闘機の開発を計画する。当初、「十二試艦上戦闘機」と呼ばれた戦闘機である。

海軍が求めた新たな戦闘機の性能は、当時の航空機の常識を覆すものだった。すでに活躍していた九六艦戦と同等の格闘性能を保ちながら、速度は四十キロ以上速く、航続距離三倍の二千二百キロ、武装も世界に類を見ない二十ミリ機銃二挺と七・七ミリ機銃二挺、爆装時は三十ないし六十キロ爆弾二発搭載可という厳しい要求だった。速度・航続力・格闘性能という互いに矛盾する能力を、すべて最高レベルで求めたことになる。

当然、その開発は一筋縄ではいかない。中島飛行機は開発を断念する。しかし三菱は、堀越二郎を中心とする設計チームが徹底した軽量化を図り、ライバル会社である中島飛行機が開発した栄エンジンを採用するという「妥協」もしつつ、ついに海軍の要求に応えうる最新鋭戦闘機が誕生した。零式艦上戦闘機――すなわち零戦である。

当時、海軍航空本部長と海軍次官を兼務していた山本が直接、零戦の開発に細かく関与したわけではない。しかし、技術部長に就任以来進めてきた国産航空機開発の努力が、ここに花開いたことになる。

## 目指すは「第三の道」

先述した大角人事によって、条約派と見なされた堀悌吉をはじめとする、海軍省系の優秀な人材が予備役へと追いやられていった。人事的にも軍令部系が優位に立っていた。

山本自身は、大角人事によって追われることはなかった。そのため、当時は傍流と見られていた海軍航空の戦力充実や航空機開発という目標を立て、その実現に邁進することができた。

防衛省防衛研究所戦史研究センター研究室長の相澤淳《きよし》氏は、当時の山本が艦隊派だったのではないかという見方について、次のように語る。

▼相澤淳氏

「山本も心情的には、艦隊派的な反発はあったと思うんです。ただロンドンから帰って来て彼らと行動をともにはせず、むしろ条約派と同じように、条約の制限内でじゃあどうするのかという事を考えていった。海軍全体の決定でも航空戦力を強化しようと決まっていくのですが、その一番の働き場に山本を持っていったということに、堀の力がある程度は働いていたと私は思っています。

航空母艦はワシントンで制限されていますけど、いわゆる航空戦力に関しての制限はありません。それ（航空戦力）で十分やれるのに、わざわざ海軍のなかを割って対立する、あるいは政治的な力を借りて動こうということに対する反発は強まっていったのだと思う。だから、条約派、艦隊派という分け方には収まらない第三の道、要するに山本は航空に力を入れる「航空派」とでもいうべき第三の道を考えたのではないでしょうか」

## 大艦巨砲主義の象徴、戦艦「大和」

同じ頃、海軍では巨大戦艦「大和」の建造が決定する。ワシントン海軍軍縮条約とロンドン海軍軍縮条約が失効し、無条約状態となるのは昭和十二年(一九三七)年初。条約が失効すれば、世界の列強はふたたび建艦競争へと逆戻りすることが予想される。しかし国力で劣る日本は、特に英米との建艦競争が本格化すれば分が悪い。

そこで海軍は、量より質を選んだ。他国の追随を許さない、超大型の巨砲を装備した大戦艦を建造すれば、アメリカ相手でも優位に立てる。海軍中央はこのような方針に立ち、昭和九年(一九三四)頃から大和型戦艦の建造計画に着手する。さまざまな技術的検討を経て、基本計画が決まったのは昭和十一年(一九三六)のことだ。

海軍史に詳しい工藤美知尋氏は、次のように指摘する。

▼工藤美知尋氏

「大和の主砲は四十六センチ砲で、約七万トンの排水量です。アメリカはこれと同じような戦艦は造れない。パナマ運河が通れないからです。日本海軍の方もそれを分かっていますから、日本はアメリカの倍ぐらいの大型の戦艦を造ればいいんだ、となる。それで、もしアメリカと艦隊決戦になったならば、日本は勝てるというように考えていたんですね。

依然として、海軍は大艦巨砲主義なんです。航空はあくまでも補助で、敵と雌雄を決する決戦は戦艦同士の戦いだと、海軍の主流は思っているわけです。日露戦争のとき、日本海海戦で日本はあまりも完全に勝利してしまった。パーフェクトゲームをしてしまったのです。その勝利の夢から、醒めきることができなかった。

昭和十六年のことですが、井上成美が海軍航空本部長になり、新軍備計画論というものを出している。井上は、私からすると海軍随一の切れ者です。これからの戦争は大艦巨砲なんてことは起こらない、戦艦の決戦なんてない、航空決戦なんだ、と言う。これは大変な卓見でありました。

だから七万トンクラスの戦艦を造るなんてのはもったいない話で、それを全部航空に回した方がいいと言う。それができないんなら、日米戦争なんて考えるべきではない、と辞職覚悟で言っているわけですね。そういう意見があったにもかかわらず、大和は造られ、沈められてしまった」

半藤一利氏も同じように見る。

▼**半藤一利氏**

「日本海海戦で作戦参謀をやった秋山真之が、大正の時代に言っているんですよね。次の戦争は、第一次世界大戦の教訓を得て石油がエネルギーになる、したがって主力になるのは戦車であり飛行機であり潜水艦である、と。先を見越す人には分かったわけです。

山本五十六は、大正時代にアメリカに留学して、アメリカの石油工場とか飛行場とか見て歩いて、早めに分かった方なのだと思います。彼の出身は主流の砲術ですから、傍流の航空畑に変わっていったことはかなりの決断です。

ところが、残念ながら日本海軍の主流の人たちは、なかなか目が覚めなかった。だから大艦巨砲主義による艦隊決戦。日本海海戦の夢をもういっぺん見たんです。それが大和であり武蔵なんですよ」

起工から四年を経て完成を見た「大和」と「武蔵」は、当時、世界最大の戦艦だった。四十五口径四十六センチ三連装の主砲は、最大射程が約四十二キロ、京都と大阪の距離に相当する。つまり、他国の戦艦の主砲弾が届かない距離から、「大和」は敵艦に主砲を打ち込めるということを意味していた。

こうした「戦艦主兵」の大艦巨砲主義は、少なくとも太平洋戦争の開戦時までは世界の主流であり、軍事常識であった。しかし山本は違った。攻撃機の爆撃や航空魚雷によって、どのような巨大な戦艦でも沈めることはできる。戦闘の勝敗を決めるのは航空機である。航空母艦を主力とした機動部隊、または洋上に浮かぶ島嶼の陸上航空基地が主体となる。山本は、こうした「航空主兵」をとなえ、そのために海軍航空の充実を図ってきたのである。

戦艦「大和」の建造は、こうした山本のビジョンとは真っ向から対立するものだった。山本の「航空主兵」は、まだまだ海軍の主流にはなり得なかったのである。

## （二）日米開戦に向かう日本

### ナチス・ドイツの台頭

昭和十一年（一九三六）十二月一日、山本は広田弘毅内閣の海軍大臣となった永野修身からの要請を受けて海軍次官となった。その翌年、林銑十《せんじゅうろう》郎内閣で海軍大臣となったのは、山本と肝胆相照らす仲の先輩、米内光政。山本は引き続き次官を引き受ける。

米内大臣－山本次官のコンビは第一次近衛内閣にも引き継がれ、米内・山本時代は二年半を超えた。近衛文麿内閣のとき、海軍少将の井上成美が軍務局長として二人を支え、この三人は当時「海軍三羽ガラス」とも称された。

当時のヨーロッパでは、ドイツが第一次世界大戦の膨大な賠償金支払いによってハイパー・インフレを起こし、経済的苦境に立たされていた。そのなかで、賠償金支払いを基礎とするベルサイユ体制の打破を唱え、革新的政策を掲げるアドルフ・ヒトラーが登場。ヒトラー率いるナチス党（国家社会主義ドイツ労働者党）は急速に台頭し、「全体主義」による独裁体制を敷いた。

ナチス・ドイツの台頭は、日本の針路にも大きな影響を及ぼしていく。

陸軍を中心として、ソ連を仮想敵国と見なす人々は、ナチス・ドイツと軍事的に同盟することによって、ソ連を背後から牽制することを期待していた。昭和十一年十一月には、コミンテルン（共産主義インターナショナル）に対抗するという陸軍の意向を受けて、日独防共協定が結ばれている。英米を対象としない防共協定自体には、海軍も反対していなかった。

## 日中戦争と三国同盟

昭和十二年（一九三七）七月、北京郊外の盧溝橋で日中両軍が衝突する。

当初日本政府は不拡大方針をとったが、戦火は上海に広がり、全面戦争へと発展していった。海軍の航空部隊は中国軍との空中戦を展開し、その後の航空機開発を刺激していくことになる。この間、日本機の誤爆によってアメリカの砲艦パネー号が沈没する。山本は事件を詳細に調査し、アメリカ側との交渉に尽力した。

同年十二月、中国国民政府の首都・南京が陥落するが、蔣介石は重慶に退いて抵抗を続け、日中戦争は泥沼化していく。近衛内閣の米内海相は、外相・陸相とともにトラウトマン和平工作の継続に反対。昭和十四年、海軍の航空隊は陸軍爆撃隊とともに、重慶に大規模な戦略爆撃を始める。日中戦争は、海軍の航空兵力が実戦で利用された戦争となった。

こうしたなか、陸軍と外務省は、日独防共協定をさらに進めて、日独伊防共協定とし、さらに日独伊三国軍事同盟に発展させようと動き始めた。陸軍は、反英米の気運を高めていた。独伊の力を頼みとし、蔣介石を援助する英米を牽制しようとする考えだった。

一方、海軍省の米内・山本・井上と、当時軍令部次長だった古賀は、ドイツとの軍事同盟は日米関係を悪化させるとしてこれに反対した。独伊との防共協定自体には反対ではなかったが、同時に英米との協調を維持するというのが、当時の海軍首脳の意向であった。「堀悌吉自伝ノート」の「日独伊三国同盟ト海軍」には、次のように記述されている。

山本氏は英米との関係の悪化を憂へ、古賀氏は独伊と交るの危険を懼《おそ》れ、之を出発点とし、共に三国同盟に反対せり（……）当時独伊枢軸に接近することそれ自体が、英米との関係悪化を招来するものに外ならずと考ふる。

当時、ドイツとイタリアは、スペイン内乱やドイツによるオーストリア併合などをめぐってイギリス、フランスとの対立を深めていた。そのため三国軍事同盟の成立は、英米との対立を招く危険があると判断していたのである。

しかし、井上軍務局長より下の海軍中堅層には、親独派・対米英強硬派が次第に増えてきていた。山本は「ドイツとの同盟に対し、英米仏が経済的圧迫を成したとき、対抗策があるのか」と軍務局内に問いかけたという。つまり、石油やくず鉄などの重要物資を欧米圏から輸入しているのに、それが止められてもいいのかという指摘である。

当時、石油の海外依存度は九割以上で、そのうち米国からの輸入が八割を超えていた。また、鉄鋼も九割弱、ニッケル、生ゴムなどは全量を輸入していたのである（岩間敏著『石油で読み解く「完敗の太平洋戦争」』）。

## 山本の悲壮な決意

昭和十四年（一九三九）五月三十一日、山本は自らの心境を一文に残している。山本は陸軍や国会議員、海軍の一部強硬派などから三国同盟に反対する「政敵」として恨みを買っていた。また、当時の実松譲《ゆずる》海相秘書官によれば、右翼による「暗殺計画」が七月十五日に発覚するほどまでに敵視されていた。「述志」と題されたこの文書は、三国同盟に反対の立場をとることで、生命の危険さえも感じていた山本が書き残したものであり、そこには山本の悲壮な決意が綴られている。

述志

一死君国に報ずるは、素より武人の本懐のみ、豈《あに》戦場と銃後とを問はむや。勇戦奮闘戦場の華と散らむは易し。誰か至誠一貫俗論を排し、斃れて後已むの難きを知らむ。高遠なる哉君恩、悠久なるかな皇国。思はざるべからず君国百年の計。一身の栄辱生死、豈論ずるの閑あらむや。

語に曰く

丹可磨而不可奪其色　蘭可燔而不可滅其香　と

此身滅すへし、此志奪ふ可からす。

この「述志」は、「堀悌吉自伝ノート」記載の「日独伊三国同盟ト海軍」や『五峯録』にも引用されているが、今回の取材では、堀が保管していた山本直筆の原紙を撮影することができた。堀の記述によれば、山本は身辺に危険が迫り、護衛の警官や憲兵が付けられるようになったが、頑として自説を曲げることはなかったという。

## (三) 連合艦隊司令長官として

### 第二次世界大戦の勃発

昭和十四年(一九三九)五月、満州国とモンゴル人民共和国との国境付近で日ソ両軍が激突するノモンハン事件が勃発する。

八月二十三日には、ドイツとソ連が電撃的に独ソ不可侵条約を締結。ドイツとの三国同盟締結により、ソ連を挟み撃ちにするという陸軍の基本構想にのっとって国際外交を組み立てていた平沼内閣は、この突然の事態に対応するすべを失い、「欧州情勢は複雑怪奇」との声明を発して、二十八日に総辞職してしまう。

これにより山本五十六海軍次官も転出し、その二日後に連合艦隊司令長官兼第一艦隊司令長官に就任した。海軍省を去り、海軍最前線の「現場」に戻ったことになる。

新たに組閣した阿部信行内閣では、山本と海軍兵学校同期の吉田善吾が海軍大臣に就任した。吉田の性格をよく知る山本は、そのまま次官として海軍省にとどまり、日独伊三国同盟や日米戦争へとつながる動きを阻止したいと要望したという。

だが、こうした山本を、政治の中枢からあえて遠ざけたのは米内光政だった。米内は暗殺の危険から山本を救うため、山本を海上の現場へと転出させたと言われている。

山本の連合艦隊司令長官着任二日後の九月一日、ドイツがポーランドに侵攻を開始。三日にはイギリス、フランスも宣戦布告を行い、第二次世界大戦へと突入した。もし直前に三国軍事同盟を締結していたら、この時点で日本は欧州戦争に巻き込まれていた。

山本は、このときの心境を嶋田宛てに送っている。

連合艦隊など柄になき所へ急遽押し上げられ、聊《いささか》途方に暮れ居る次第に御座候。（……）結局之もリッペンやヒトラーの仕業と申すべきか。夫《そ》れにつけても欧州の大変転を見て日独伊問題に想到し、ゾッとする次第に御座候。

第二次世界大戦のさなか、阿部内閣はわずか四か月で瓦解。あとを受けた米内光政内閣も陸相の辞職で半年で倒れると、昭和十五年（一九四〇）七月に第二次近衛内閣が発足した。

この頃から、ドイツの快進撃を受けて「バスに乗り遅れるな」という言葉が流行りだした。米英に対抗するためにも、やはり三国同盟は不可欠だとの認識が、松岡洋右外相を中心に広まっていった。

九月、海軍大臣の吉田善吾が病気で辞任し、その後を伏見軍令部総長宮の意向で及川古志郎大将が継ぐことになる。及川海相は、これまで海軍が頑強に反対していた三国同盟を、就任直後にあっさりと受け入れてしまった。井上成美は、後にこれを「バスを乗りまちがえた海軍首脳」と批評している。

## 避けられない対米戦

三国同盟締結の動きに、アメリカは強く反発した。ルーズベルト大統領は、日中戦争を非難する立場から前年七月に日米通商航海条約の廃棄を通告、この一月に失効して日米は無条約状態となった。

昭和十五年（一九四〇）九月二十三日、陸軍は北部仏印（ベトナム北部）に進駐した。東南アジアは、石油をはじめゴム、錫《すず》、ボーキサイトなど資源の宝庫であり、アメリカ資本にとっても極めて重要な投資先であった。日本の行動は、たちまちアメリカの反発を買うことになる。

アメリカは、これに先立つ七月三十一日、航空用ガソリンの輸出を禁止していた。日本の北部仏印進駐は、こうした事態にあって、陸軍の「援蔣ルート」遮断と、近い将来の南方資源確保をもくろんでの行動だったが、さらにアメリカとの対立を深めることになった。

山本は、この南方への侵出が国運を賭けた長期戦になること、そしてアメリカとの関係を決定的に悪化させるとして、さらなる南方作戦には反対していた。『五峯録』収録の嶋田宛書簡では、次のように綴られている（昭和十五年十二月十日付）。

対ＲＡＥ（蘭・米・英）数ケ国作戦に発展するの算極めて大なり。故に尠《すくな》くも其の覚悟と充分なる戦備とを以てするに非されは対南方作戦に着手すへからす。（……）南方作戦は支那作戦と異り（……）、国運を賭しての戦争となり、且つ頗る長期戦となる（……）。

しかし、陸軍の行動にストップをかけることはできず、昭和十六年（一九四一）七月二十八日、陸軍は南部仏印へと進出。ただちにアメリカは強く反応し、直後の八月一日、日本への石油輸出を全面的に禁止する措置に出た。
アメリカとの戦争は、いよいよ避けられない形勢となってきた。

## 「厳秘」と記された文書

山本は、対米戦争を何とかして回避しようとしてきた。しかし、三国同盟締結やアメリカの石油全面禁輸などの情勢を見て、連合艦隊司令長官としては、作戦計画を用意する必要に迫られていた。山本は、対米英蘭等の数か国を相手にした戦争を想定し、その作戦計画立案に取り掛かる。

それを裏付ける極秘資料の原本が、今回取材した堀悌吉文書のなかにあった。「厳秘」と書かれたこの文書は、「戦備訓練作戦方針等ノ件 覚」と題されている。

昭和十五年（一九四〇）十一月に海軍大将に進級した山本は、海軍省に出頭し、及川海相に対して対米英戦争について自らの意見を直接述べた。この文書は、その覚え書きとして、昭和十六年一月七日にまとめられたものだった。

山本は、まずこう述べている。

従来訓練として計画実行しつつある大部分は、正常基本の事項、即ち邀撃《ようげき》決戦の場合を対象とす（……）。併しながら、実際問題として、日米英開戦の場合を考察するに、全艦隊を以てする接敵、展開、砲魚雷戦、全軍突撃等の華々しき場面は、戦争の全期を通じ、遂に実現の機会を見ざる場合等も生ずべく（……）。

作戦方針に関する従来の研究は、是れ亦正常堂々たる邀撃主作戦を対象とするものなり。而して屢次《るじ》図演等の示す結果を観るに、帝国海軍は未だ一回の大勝を得たることなく、此の儘《まま》推移すれば、恐らくヂリ貧に陥るにあらずやと、懸念せらるる情勢に於て、演習中止となるを恒例とせり。事前戦否の決を採らんが為の資料としてはいざ知らず、苟くも一旦開戦と決したる以上、如此経過は断じて之を避けざる可からず。

山本は、漸減邀撃（迎撃）作戦による「戦艦主兵」の艦隊決戦を中心にしてきた海軍の作戦方針を批判し、そもそも米英との戦いではこうした艦隊決戦は起こらない可能性があることを指摘。そして、艦隊決戦の作戦では「図上演習」を何回やっても、一度も米艦隊に大勝したことはないのだから、日米戦争は避けるべきだというならいざ知らず、こんな作戦を頼りに米海軍と決戦しろと言われても、連合艦隊司令長官としてはとてもできないと言う。

では、どうしたらよいのか。山本は次のように書いている。

日米戦争ニ於イテ、我ノ第一ニ遂行セザルベカラザル要項ハ開戦劈頭《へきとう》敵主力艦隊ヲ猛撃々破シテ米国海軍及米国民ヲシテ救フヘカラサル程度ニ其ノ志気ヲ沮喪セシムルコト是ナリ

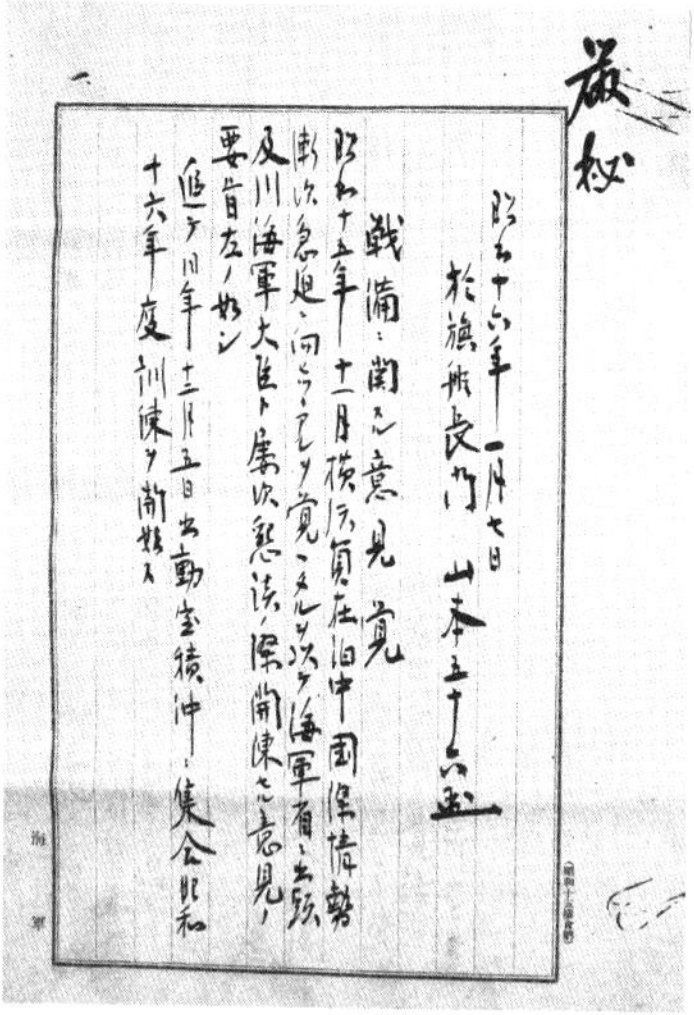

「戦備訓練作戦方針等ノ件 覚」
（大分県立先哲史料館寄託）

つまり、開戦と同時にアメリカ海軍の主力を叩き、立ち直れないほど士気を砕いてしまうという作戦である。それは、自らが育て上げた航空兵力を投入する攻勢作戦でもあった。

「全航空兵力ヲ以テ」

そして山本の構想は、次の記述からより明らかになる。

月明ノ夜又《また》ハ黎明《れいめい》ヲ期シ、全航空兵力ヲ以テ、全滅ヲ期シテ敵ヲ強（奇）襲ス。（……）敵米主力、若《も》シ早期ニ布哇《ハワイ》ヲ出撃来攻スルガ如キ場合ニハ、決戦部隊ヲ挙ゲテ之ヲ邀《よう》撃《げき》シ一挙ニ之ヲ撃滅ス。

月夜または早朝を狙い、全航空兵力を投入して開戦通告直後に真珠湾急襲を敢行。もしアメリカの主力艦隊が早速ハワイを出撃してきたなら、決戦部隊をぶつけてこれを迎え撃ち、撃滅するという内容だ。

政治外交史を専攻する帝京大学教授の戸部良一氏は、三国同盟に反対しながらも、こうした作戦を立案しなければならなかった山本の心情を次のように分析する。

▼戸部良一氏

「三国同盟が結ばれて、日米関係がどんどん険悪化してゆく。このまま何もしないでいると、あるいはこれ以上手をこまねいていると、日米関係が非常に危機的な状況に陥る。山本五十六は、そういう可能性がかなり高くなりつつあるというふうに考えたのかもしれません。

ましてや、彼はそのときもう連合艦隊司令長官ですから、対米戦になった場合にはどうするかという思いを持っていたことは確かです。責任感を持っていれば、その構想を当然ながら考えるだろう、と」

真珠湾攻撃の作戦構想を書いた「戦備訓練作戦方針等ノ件　覚」。この原資料を発見した安田晃子氏は、山本の心境に次のように思いを馳せる。

**▼安田晃子氏**

「昭和十四年には、自分の命に代えても反対すると言っていた戦争、それが今度は気持ちを切り替えて覚悟を決めて戦争の指揮を執らなければならなくなった。そのときの山本さんの気持ちを考えると、資料の重たさといいますか、こういう資料を私ごときが発見してよかったのだろうかと感慨深いものがありました」

## （四）断たれた戦争回避の道

### 「半年か一年の間……」

昭和十五年（一九四〇）九月十五日。及川海相は三国同盟に対する海軍の意思を統一すべく、軍令部総長の伏見宮博恭王や大角岑生元海相をはじめとする現役の海軍首脳を集めて意見をまとめ、十九日の御前会議で同盟締結が了承された。

このとき、最後に意見を述べたのが山本であった。山本は、同盟によって米国との衝突の危険が高まるが、それに伴う物動計画は一体どうするのかと質問。航空兵力が不足しているので、非常な努力が必要だとも主張する。これが、山本の三国同盟に対する最後の抵抗だった。

海軍では「列外の者は言挙げせず」「海軍で唯一政治に関わるのは海軍大臣のみ」という厳然たる不文律があり、連合艦隊司令長官である山本は、正面切って政治問題である三国同盟に反対はできない。

この会議の後、山本は近衛首相の強い要請を受けて近衛邸を訪ねている。近衛は海軍があっさり三国同盟に賛成してしまったので、日米開戦に至った場合の見通しを、直接山本から聞きたかったのだという。本来これは職制上、及川海相か近藤信竹軍令部次長に聞くべきことだが、このときの山本の発言は、あまりにも有名だ。『近衛文麿手記』によれば、それは次のような内容だった。

　其後暫くして連合艦隊司令長官、山本五十六大将が上京したので会見した。同大将は最強硬なる同盟反対論者で、平沼内閣当時、米内海相が頑強に三国条約に反対したのも当時の次官たりし山本大将の補佐が与つて力があつたと思はれる。（……）余は日米戦争の場合大将の見込如何を問うた処、同大将曰く「それは是非やれといはれれば初め半年か一年の間は随分暴れて御覧に入れる。然ながら二年三年となれば全く確信は持てぬ。三国条約が出来たのは致し方ないが、かくなりし上は日米戦争を回避するやう極力御努力を願ひたい」とのことであつた。
　これで海軍首脳部の肚は解つたのである。海軍の肚がかくの如しとすれば三国条約の実際の活用は余程慎重にやらねばならぬ。仮令《たとい》蘇《ソ》連《れん》が同盟側に付くとしても海軍の考がかくある以上日米衝突は極力回避せねばならぬ。

## 山本の真意

この発言をどう見るか。戸部良一氏は次のように語る。

▼戸部良一氏

「半年や一年間は戦えますがと、前段の部分で言ってしまったのが、もしかすると誤解を生んだかもしれませんね。まあ誤解したとは思えませんが、ちょっとは戦えるんだなというふうに考えてしまう。むしろ戦えませんとストレートに言えば、近衛も理解できたのではないか、あるいは決断せざるを得なかったのではないかと思います。

山本さんの真意は、そこまでしか戦えませんよということだと思いますが、軍人としてああいうことは言うべきではない。多くの海軍軍人もおそらく山本さんと同じ判断だったと思いますが、半年や一年は暴れられる。でも、暴れられるだけでは駄目なんですね。だから、戦えませんと言ってほしかったなというのが私の思いですし、そうしたら少しは変わったかもしれない」

工藤美知尋氏は次のような見解だ。

**▼工藤美知尋氏**

「それは言葉尻であって、その後に言葉があるんですね。日本は負けるから、なにとぞ総理大臣として避戦を貫いてください、と山本は言っているわけです。対米戦争には自信がないということは、米内光政も言っているし、山本五十六も言っているし、井上成美も言っているわけですね。そこを見ないで、言葉尻を捉えて山本五十六はけしからん、と言う向きがある。あるいは、もうそこで辞職したほうが良かったとも言われる。しかし当時、軍事のプロとして辞めることはあり得なかったと思います」

相澤淳氏は「半年や一年」という山本の返答は、陸海軍全体の共通認識だったと指摘する。

**▼相澤淳氏**

「戦えとなったら一年なり一年半は戦い続けることはできるかもしれないが、それ以上になれば戦えない。そういう判断は、当時の陸海軍を通した一つの見方を述べたということだと思います。決して山本五十六が戦えるから大丈夫と言ったとか、そういう話ではありません」

実際、昭和十六年秋（一九四一）の段階で、日本海軍の戦備や実力はアメリカ艦隊の七割を超えていたが、日米の国力の差は埋めがたいものがあった。しかも米海軍は、昭和十五年（一九四〇）七月に「両洋艦隊法」を成立させ、日本海軍の現有勢力に匹敵するような大艦隊を建造中だった。つまり数年先には、対米だけでも「五割」を切り「三割」の艦隊勢力になってしまうのだ。

## 「之も命といふものか」

山本は昭和十六年一月頃から、連合艦隊司令部首席参謀の黒島亀人《かめと》大佐と、第十一航空艦隊参謀長の大西瀧治郎《たきじろう》少将の両名に、密かに真珠湾攻撃計画の具体案研究を命じた。日米交渉を続けてきた近衛内閣は同年十月に総辞職。陸軍大臣の東條英機に大命が下り、東條内閣が誕生する。

日米開戦は避けがたい状況が出来しつつあった。東條内閣の海軍大臣に就任したばかりの嶋田繁太郎に宛てて、山本は次のように書き送っている（昭和十六年十月二十四日付）。

> 抑《そ》も抑《そ》も此の支那作戦四年疲弊の余を受けて、米英支同時作戦に加ふるに対露をも考慮に入れ、欧独作戦の数倍の地域に亘り持久作戦を以って、自立自衛十数年の久しきにも堪へむと企図する所に非常の無理のある次第にて、此をも押切り敢行、否、大勢に押されて立上がらざるを得ずとすれば、艦隊担当者としては到底尋常一様の作戦にては見越み立たず、結局桶狭間とひよどり越と川中島とを合せ行ふの巳を得ざる羽目に追込まれる次第に御座候。

ここで山本は、従来の海軍軍備は、対米ないしは対英の、対一か国を前提にしてきたことを指摘。いくら対米七割に達していても、米海軍に加わる連合国海軍を相手に、長期の持久戦争を戦うことなど非常に無理があると述べる。

したがって「七割」あっても勝てない漸減邀撃の艦隊決戦作戦は、到底採用できない。だからこそ山本は、「桶狭間とひよどり越と川中島とを合せ行ふ」ような方法で戦わなければならなかった。それが真珠湾作戦だったのである。
同じ頃、山本は自らの心境を堀に宛てて書いている。昭和十六年十月十一日付書簡には、次のように記されている。

大勢は既に最悪の場合に陥りたりと認む。山梨（勝之進）さんではないが、之が天なり命なりとはなさけなき次第なるも、今更誰か善いの悪いのと言った処で、はじまらぬ話也。独使至尊憂社稷《しゃしょく》の現状に於ては、最後の聖断のみ残され居るも、夫れにしても今後の国内は六《むつ》かしかるべし。個人としての意見と、正確に正反対の決意を固め、其の方向に一途邁進の外なき現在の立場は、誠に変なもの也。之も命といふものか。

個人としての意見とは正反対の決断をし、それに邁進しなければならない――。みずからの立場を「誠に変なもの」と悟りつつ、「之も命」と結んでいる。
半藤一利氏は、山本の心情を推し量る。

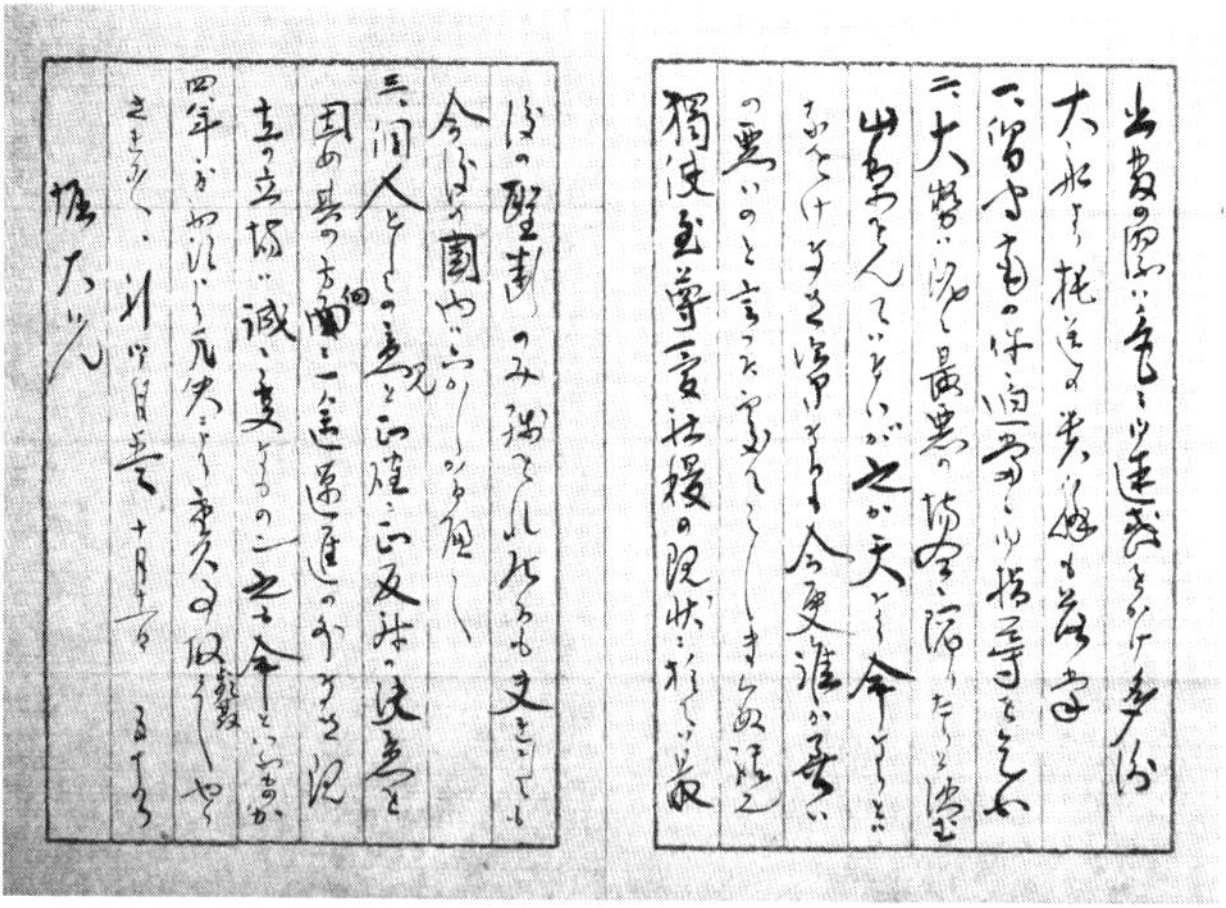

堀悌吉宛て書簡
(昭和十六年十月十一日付、大分県立先哲史料館寄託)

▼半藤一利氏

「山本さんは、連合艦隊司令長官です。現場の総大将ですから、なんとかこの戦争を短期間でさっさと終わりにしなくては、日本は酷《ひど》い目に遭うということは分かっていました。彼はアメリカの国力もよく知っていて、長期戦はできないとも分かっていた。石油がなくなったら動けないから、その間にとにかく終わらなければならない。そのためには真珠湾を叩くというのは、一方で考えていたと思いますね。

だから、これは逆の形で、戦争に行かないように止めようとする動きじゃないかと思いますがね。自分の意思と正反対の方向に進んで、自分がそれを指揮してやらなきゃならない。こんなバカらしいことはない。

之も命というものか。あの手紙を初めて先哲史料館で見たときは、私もぐっと涙ぐみましたよ。本当に一生懸命に止めようとしていたんですよね。堀さんも山本の手紙をもらって、山本の心情はよくわかったと思いますよね」

## 最後まで戦争回避に望みを託す

昭和十六年（一九四一）十一月二十九日、昭和天皇は皇居内の御学問所で重臣たちの意見を求めた。ここで海軍出身の岡田啓介大将は、物資の面で長期戦争に耐えうるか、なお慎重に研究を要し政府説明では不安だと述べている。しかし結局、政府方針が覆ることはなかった。

山本は、秋頃から真珠湾攻撃に備え、地形の似ている鹿児島湾で、雷撃機による浅海面での魚雷投下訓練を密かに行わせていた。主力空母機を総動員し、真珠湾に集結しているアメリカ海軍の戦艦、空母を徹底的に沈める作戦である。軍令部や連合艦隊内部には、いまだ「戦艦主兵」の艦隊決戦主義が支配的であったが、山本は自らの信念に基づき、着々と準備を整えていた。

ハワイ作戦が「大海令第一号」によって本決まりとなると、昭和十六年（一九四一）十一月十三日、山本は、連合艦隊所属各艦隊の司令長官、参謀長、首席参謀を岩国航空隊司令部に集め、最後の打ち合わせを行った。現在の岩国米軍基地内には、このとき使用された旧海軍司令部の建物が残されている。

山本は、出陣に際し「全軍将兵は本職と生死をともにせよ」と訓辞。海軍先輩の野村吉三郎大使によりワシントンで日米交渉が最後まで行われていることを告げ、もし交渉が妥結したならば、十二月七日午前一時までに出動部隊に引き揚げを命じるから、その場合はただちに反転帰投するようにと命じた。たとえ艦隊がハワイ近海であれ、攻撃隊が空母発進後であれ、ただちに引き返せというのだ。

すると第一航空艦隊南雲忠一司令長官以下の二、三の指揮官から、それは無理だとの意見がでた。山本は、厳然として言った。「百年兵を養うは、ただ平和を護らんがためである。もし、この命令を受けて帰られぬと思う指揮官があるならば、只今から出動を禁ずる。即刻、辞表を出せ」。満座粛然として、一語も発するものはなかったという（実松譲著『真珠湾までの３６５日』）。

南雲長官率いる機動部隊は、択捉《えとろふ》島単冠《ひとかっぷ》湾に集結後、十一月二十六日に出撃、秘密裡にハワイを目指した。そして十二月一日、御前会議において開戦が正式に決定。十二月二日の十七時半、「新高山登レ 一二〇八」が発信され、開戦は十二月八日の午前零時と確定した。

### 山本と堀の別れ

実はこの十二月二日、出師命令を受けるため極秘に上京した山本は、堀を呼び出している。「堀悌吉自伝ノート」は、この最後の別れの場面で締め括られている。


指定の場所に行くと、山本氏は畳の上に横になって居た。(……)

「どうした」

「とうとうきまったよ」

「そうか……」

「岡田(啓介)さんなんかも、(重臣会議で)ずい分言ったそうだネ」

「効果なし……万事休すか」

「ウン万事休す……尤《もっと》も若《も》し（日米）交渉が妥結を見る様なことになれば、出動部隊はすぐ引き返すだけの手筈はしてあるが……どうもネ」

（……）あとは沈黙の対座が永く続いた。

翌三日、山本は参内《さんだい》し昭和天皇に拝謁。勅語に対して奉答を行った。そして四日、午前九時から海相官邸で極秘に行われた少人数の出陣式に臨んだ。山本に招かれた堀は、周囲に怪訝な顔をされつつも近親者代表として参列する。

その後、堀は呉に帰る山本を先回りして横浜駅のホームで見送る。午後三時二十七分に入ってきた特急「富士」の最後尾、展望デッキから降りてきた山本と、一、二分のわずかな停車時間に言葉を交わすことができた。

別れにのぞみ握手して

「ぢゃ、元気で」

というと、山本氏は、

「ありがと……もうおれは帰れんだろナ」

と答へながら、列車に上り、進行を始める時しづかに一言、

「千代子さんお大事に」

これが最後の別れであった。

病身の堀の妻を思いやった最後の言葉。すでに堀が海軍現役を離れてから七年の歳月が流れていたが、時を超えて、また立場を越えて二人の信頼関係と友情は変わることがなかった。

呉に向かった山本は、広島湾柱島沖の連合艦隊旗艦「長門」に戻り、運命の日を迎えることになる。

# 第二部 遺された手紙

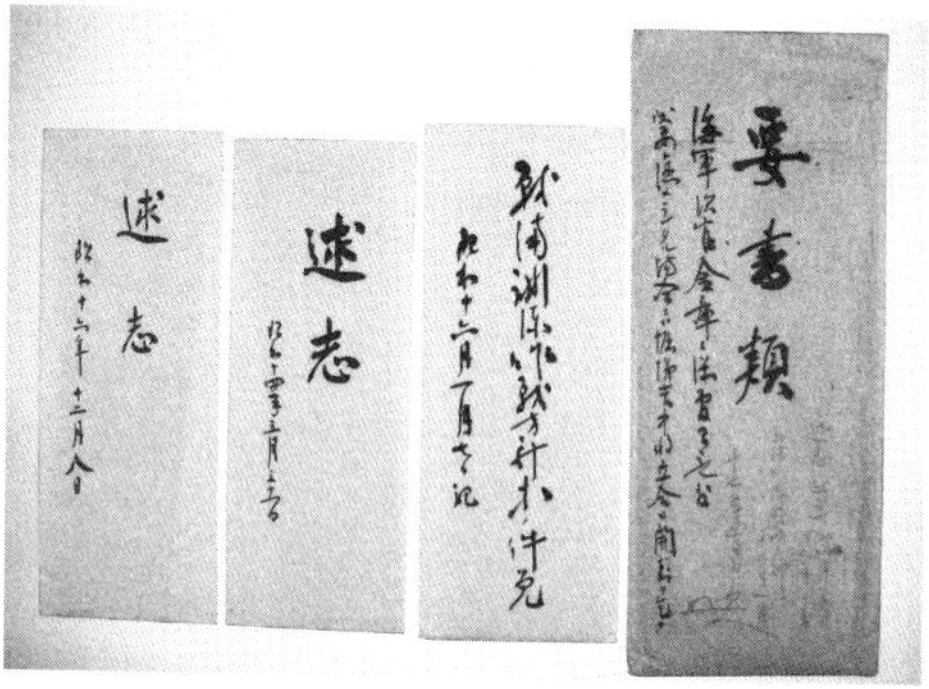


堀に託されていた書簡の数々
大分県立先哲史料館寄託

# 第五章　真珠湾攻撃と日米開戦

## （一）　真珠湾攻撃

### 「述志」が語る山本の覚悟

　昭和十六年（一九四一）十一月二十六日（現地時間）、アメリカから「最後通牒」ともいうべき「ハル・ノート」が日本側、野村吉三郎大使らに手交された。まさにその日、南雲忠一海軍中将率いる連合艦隊の機動部隊が、択捉島の単冠湾から密かに出航していた。目指すはハワイ・オアフ島の真珠湾——。

　艦隊は、南雲が乗艦する旗艦「赤城」をはじめ、「加賀」「蒼龍」「飛龍」「瑞鶴」「翔鶴」の空母六隻、そしてこれを護衛する「比叡」「霧島」の戦艦二隻、そして重巡洋艦「利根」

「筑摩」、軽巡洋艦「阿武隈」以下の駆逐艦、洋上補給用タンカーなど合計三十隻の陣容だった。別働隊には、特殊潜航艇五隻を積んだ伊二十二潜以下五隻ほかの潜水艦部隊。

連合艦隊司令長官山本五十六が練り上げた作戦を、いよいよ実行に移す時がきた。しかし、日米戦争を回避するというのもまた山本の願いであり、開戦の直前まで日米交渉の妥結に期待を抱いていた。

この真珠湾攻撃当日の十二月八日、山本は二つめの「述志」に、開戦時の覚悟を認めている。この原本も、堀悌吉が山本から託されて保管していた。

述志

此度は大詔を奉して堂々の出陣なれは、生死共に超然たることは難からさるへし。たゞ此戦は未曾有の大戦にしていろいろ曲折もあるへく、名を惜み己を潔くせむの私心ありてはとても此大任は成し遂げ得ましと、よくよく覚悟せり。されは、

大君の御楯《みたて》とたゞに思ふ身は
名をも命も惜まさらなむ

通常、「名を惜しむ（名誉を重んじる）」「己を潔くする（自分の身を廉潔にする）」といった言葉は、武士の心得として語られるが、山本はそれさえも「私心」であり、そんなものがあっては大任は成し遂げられないとしている。まさに身も名も捨てての戦いにのぞむ心境だったといえよう。

## 黎明の出撃

南雲機動部隊は、機密保持のため、あえて通航船舶が少ない北緯四十度の荒れる冬の海を東に向かい、ハワイに向けて南下。オアフ島の北二三〇カイリの地点に達した。

日本時間十二月八日午前一時三十分、淵田美津雄中佐が率いる第一波攻撃隊百八十三機が空母から飛び立った。次いで午前二時四十五分には、嶋崎重和少佐が指揮する第二波攻撃隊百六十七機が出撃した。

当時、駆逐艦「陽炎」の航海長を務めていた市來俊男氏（九十五歳）。出撃前夜はずっとホノルルからのラジオ放送が聞こえたという。番組取材班のインタビューで、出撃の様子を次のように語る。

▼市來俊男氏

「まだ薄暗いところで、エンジンを吹かしている大きな音が聞こえる。千メートル後ろだからよく聞こえます。時々エンジンの火は見えるし、出ていくまでは緊張している。すこしうねりがあるし波がある、天気がですね。最初に軽い戦闘機から出ていき、最後に八百キロの魚雷を積んだ三人乗りの艦上攻撃機が出ていく」

アメリカ時間で十二月七日の午前七時五十五分、真珠湾の太平洋艦隊は、予期せぬ攻撃を受けた。このとき真珠湾には、戦艦八隻、重巡洋艦二隻など、合計九十四隻の艦船が停泊していた。攻撃が開始されたのは、日本時間の午前三時二十五分。奇襲部隊からの突撃を知らせる打電を受けた機動部隊は、ただちに奇襲成功を通知する「トラトラトラ」の電報を連合艦隊と大本営海軍部に打電した。

虚をつかれたアメリカ太平洋艦隊は、空襲を受け大損害を受けた。八隻の戦艦のうち、「カリフォルニア」「ウェストバージニア」「アリゾナ」「オクラホマ」の四隻が撃沈され、さらに戦艦・軽巡洋艦八隻が損傷、航空機も二百三十一機が破壊されている。

アメリカ軍の死傷者は三千六百八十一名。民間の死者は百三名。これに対し、日本側の被害は飛行機が二十九機、搭乗員五十五名並びに、特殊潜航艇五隻、乗員九名にとどまった。

しかし攻撃当時、アメリカ太平洋艦隊に所属する三隻の空母のうち、「レキシントン」「エンタープライズ」は輸送任務を遂行中で不在、残る「サラトガ」もアメリカ西海岸の基地で整備中と、いずれも真珠湾にはいなかったため、これらの空母は無傷で済んだ。

### 検討されなかった第二陣の攻撃

山本は、この奇襲作戦において、開戦劈頭アメリカ太平洋艦隊を徹底的に撃滅するつもりだった。それによってアメリカ国民に精神的な痛手を負わせ、早期講和への道を開くというのが、山本の基本的な考えだったのである。

『近衛文麿手記』に書かれていたように、アメリカの圧倒的な国力を知る山本は、日米戦争に完全な勝利をおさめることが不可能であることを十分に理解していた。だからこそ、緒戦において痛撃を与え、有利な条件で講和に持ち込むというのが、基本的な「作戦方針」であったのだ。ハワイに向けて出航する直前に発令された「機密機動部隊命令作」の第一号には、「在布哇《ハワイ》敵艦隊ニ対シ奇襲ヲ決行シ之ニ致命的打撃ヲ与」えるのが作戦の目標とはっきりと記されていた。

しかし、作戦実施にあたった南雲忠一中将や草鹿龍之介少将は、あくまでも日米戦争の帰趨は、西太平洋での「戦艦主兵」の艦隊決戦によって雌雄を決するという従来の考えから抜け出てはいなかった。真珠湾奇襲作戦は、あくまでもそのための支作戦であり、南方作戦が終わるまでアメリカ海軍を「黙らせて」おけば十分という理解しかなかった。南雲機動部隊は、十分な戦果を挙げたと判断し、第二陣の攻撃を検討することもなく、攻撃隊を収容するとただちに北方に引き上げてしまう。

草鹿は、戦後に出版した自著のなかで、第二陣攻撃をすべきなどというのは「私にいわせれば（……）下司の戦法である」と述べている（草鹿龍之介著『連合艦隊の栄光と終焉』）。また軍令部からは、空母を喪失しないで帰るよう求められていたともいう。

しかし、アメリカ太平洋艦隊司令長官のチェスター・ニミッツは次のように捉えていた（ニミッツ、ポッター共著『ニミッツの太平洋海戦史』）。

攻撃目標を艦船に集中した日本軍は、機械工場を無視し、修理施設には事実上手をつけなかった。日本軍は湾内の近くにある燃料タンクに貯蔵されていた四五〇万バレルの重油を見逃がした。（……）この燃料がなかったならば、艦隊は数カ月にわたって、真珠湾から作戦することは不可能であったであろう。米国にとってもっとも幸運だったことは、空母が危難をまぬかれたことである。（……）第二次世界大戦のもっとも効果的な海軍兵器である高速空母攻撃部隊を編制するための艦船は、損害を受けなくてすんだのである。

## （二）アメリカの反応と山本の誤算

### 遅れた最後通牒

「帝国陸海軍は、本八日未明、西太平洋において米英軍と戦闘状態に入れり」

十二月八日午前六時の大本営陸海軍部発表である。

「真珠湾奇襲作戦」と先述したが、奇襲と言っても、それは敵の虚をつく作戦という意味である。事前通告をせずに「だまし討ち」で敵を攻撃するという意図は、山本にはまったくなかった。

先述の「戦備訓練作戦方針等ノ件覚」の中でも、山本は「強（奇）襲」と書いている。通告の後、敵が迎撃してくることを前提とした「強襲」覚悟で攻撃するが、もし敵に油断があって備えをしていなければ、この攻撃は結果として「奇襲」になるかもしれないという意味である。

また山本は、常日頃、部下に対し「武士は夜討ちをかけても、枕を蹴って相手を起こしてから討つものだ」と語り、攻撃前に最後通告が手交される段取りになっているか、結果はどうだったかと、何度も藤井茂政務参謀に確かめさせていた。

日本では、「ハル・ノート」を手交された後、昭和十六年（一九四一）十二月一日の御前会議にて対米開戦を正式決定し、予定時刻にしたがって十四部に分けた最後通牒が在米日本大使館宛てに打電されたはずだった。しかし山本の願いに反し、この文書の最終部は陸軍参謀本部員の指示で予定時刻より十五時間遅れて発信され、大使館の暗号解読・翻訳・清書が遅れて、ハル国務長官の手に渡ったのは、真珠湾攻撃開始からおよそ一時間後のことだった。

アメリカ側は、この無通告の真珠湾奇襲攻撃に強く反発する。

昭和十六年（一九四一）十二月八日（現地時間）、ルーズベルト大統領はアメリカ議会において「この日は恥辱の日」と演説。宣戦布告前の攻撃を「卑劣なだまし討ち」だとして激しく非難し、「リメンバー・パールハーバー」の合言葉で米国民は結束した。

アメリカ国内ではもともと厭戦《えんせん》気分が強く、ヨーロッパ戦線に参入することにも世論の反対が強かった。まして日本との開戦に賛成するのは少数派だった。しかし、アメリカ人はこの「だまし討ち」に憤激し、日本に対する敵愾心《てきがいしん》を高ぶらせた。そして、ハワイで座礁した日本海軍の特殊潜航艇は、全米各地で巡回展示され、国民の戦争動員キャンペーンが展開された。

"I am looking forward to dictating peace to the United States in the White House at Washington"
—ADMIRAL YAMAMOTO
What do YOU say, AMERICA?
山本の写真を用いたアメリカのポスター

真珠湾攻撃後、山本は、日本国内では「時代の英雄」とも目されるほど、多くの支持と称賛を集めた。アメリカでも、山本五十六の名は広く知れ渡る。ただし、それは「憎むべき敵」としてであった。

真珠湾攻撃の二週間後に発行された「タイム」誌の表紙には、黄色いゴリラのような顔をした山本五十六が描かれている。そこには、「日本の侵略者 山本提督」「派手な背信行為による向こう見ずな破壊行為をやった人物」と書かれている。また、山本の写真に添えて「ホワイトハウスで降伏させると豪語している山本提督に、アメリカは何と答えてやるつもりか?」と書かれた、反日キャンペーンのポスターまで作られた。

アメリカで山本憎悪の動きが過熱したのには、思わぬ理由があった。『五峯録』に収録された、山本が笹川良一に宛てた手紙がある(昭和十六年一月二十四日付)。

(……)世上机上の空論を以て国政を弄《もてあそ》ぶの際、躬行《きゅうこう》以て自説に忠ならんとする真摯なる御心掛には敬意を表し候。但し海に山本在りとて御安心などは迷惑千万にて、小生は単に小敵たりとも侮らず、大敵たりとも懼れずの聖諭を奉じて、日夜孜々《しし》実力の錬成に精進致し居るに過ぎず。恃む処は惨として驕らざる十万将兵の誠忠のみに有之候。併し日米開戦に至らば、我が目ざすところ素よりガム、ヒリピンにあらず。将又《はたまた》、布哇、桑港にあらず、実に華府街頭、白亜館上の盟ならざるべからず。当路の為政家、果して此の本腰の覚悟と自信ありや。

山本は最後の一文で、本当に首都ワシントンまで占領できると思っているのか、そこまでの「覚悟と自信」があってアメリカと戦争を始めるつもりなのかと、日本の為政者に問うている。しかしこの手紙は、開戦後、肝心の末尾の一文がカットされて、日本国内の士気振興のためとして公表された。

それが同盟通信で配信されると、翻訳されてアメリカに伝わった。そして山本は、ホワイトハウスまで攻め上ると広言している人物として、反日プロパガンダに利用された。

こうして山本は、「日本の侵略者」「卑怯なだまし討ちの首謀者」として、アメリカ国民の憎悪と非難の対象となっていった。

## 山本の誤算

真珠湾攻撃は、アメリカにさまざまな影響を与えた。米海軍大学校のジェームズ・ホルムズ教授は次のように見る。

▼ジェームズ・ホルムズ氏

「それは山本海軍大将のひとつの大きな賭けでした。合衆国を攻撃し、強打を打ち込み、落胆させて、日本に西太平洋における我々のポジションを譲るようにさせるということができるかという賭けです。私は、合衆国の姿勢は確かに変化したであろうと思います」

だが、山本には誤算があった。アメリカに駐在し、さまざまな「現場」に足を運んでいた山本は、日本の十倍以上あるアメリカの国力や資源、工業技術力、生産性といった「実力」について、少なくとも軍人としてはもっともよく知る人物だった。

しかしその山本にとっても、真珠湾攻撃を境にして、ルーズベルト大統領が掲げる日米開戦、そして対独戦参戦という国家目標のもと、アメリカ国民が一丸となっていったことは予想を超える事態だったのである。

アメリカの海軍史家で、『太平洋の試練――真珠湾からミッドウェイまで』などの著書をもつイアン・トール氏は次のように語る。

▼イアン・トール氏

「日本の空母機動部隊が失った飛行機は三十機以下で、艦船の損失もこうむらず、全部の戦艦を撃破し、オアフ島にある航空機の大部分を破壊することができました。その点で、真珠湾攻撃は戦術的に大きな成功でした。

しかし、山本はアメリカ人の気質を正確には分かっていませんでした。もっとも山本は、アメリカだけでなく、ヨーロッパも広く旅していました。当時、日本のどの軍の指導者よりも西洋を理解していたと思います。

山本は、アメリカ人は、緒戦で大きな敗北を喫したら、戦いを続ける気がなくなり、停戦を望むに違いないと考えていました。しかし、それは決して起こらなかったのです」

**残された『グレーブック』**

アメリカ海軍は、真珠湾攻撃に迅速な対応をとった。

太平洋戦争中、アメリカ太平洋艦隊司令部が作成した、『グレーブック』というおよそ四千枚に及ぶ報告書がある。最初のページは一九四一年十二月七日付で、日本の真珠湾攻撃に対する分析評価が記されている。

そこでは、「計画、訓練、経験すべてに優れている。真珠湾攻撃はとてもうまく実行された」「とても士気が高い」「空からの攻撃が卓越している」「パイロットは我々より優れている」といった、敵である日本海軍を正しく理解し評価しようとする姿勢が見られる。

今回取材班は、首都ワシントンの米海軍歴史遺産保存司令部で、『グレーブック』原本の撮影を許可された。案内してくれたジョン・グレコ氏によれば、ここには数兆ページ分の米海軍歴史史料が保存されているという。米国の歴史を残そうとする意志の強さが感じられる。

米海軍大学校のジョン・ハッテンドルフ教授は、『グレーブック』の資料的意義を次のように述べている。

**▼ジョン・ハッテンドルフ氏**

「グレーブックは面白い書類です。それは最近になって、やっと広く注目を浴びるようになりました。人々は、それが一種の命令書の要約集であったと思っていました。けれども最近海軍大学校の教授が、第二次世界大戦を調査するのに非常に役立つことを発見したのです。

これは莫大な書類で、今まで学者たちが慎重には調査してこなかった記録です。私はこの書類が精査されることを希望しています。これは、毎日の戦争の記録、プロフェッショナルな記録なのです。とても希少なものだと思います」

## 航空主兵への転換

山本の航空主兵は、アメリカに大きな影響を与えた。米海軍大学校のダグラス・スミス教授は次のように語る。

### ▼ダグラス・スミス氏

「私は山本を非常に高く評価しています。彼は航空母艦とその艦載航空機の価値を認め、そして日本海軍の戦略と戦術に、非常に効果的な方法で、海軍航空戦力を統合してゆく洞察力を持っていました。彼は現実をよく認識していました。そして合衆国が、すぐに戦争に敗北してしまう可能性は少ないということがよく分かっていた、少数の日本人の一人でした。

山本は、世界でもかなり早くから、敵の艦船を攻撃するのに航空機が最も有効な存在であることに気づいた海軍指揮官だと思います。たいへん先見性があります。そして彼は、日本の（軍用機の）生産能力がすぐにアメリカに追いつかれてしまうだろう、と警告しさえしました。米国と同水準の海軍戦力を「建設整備する能力」は、日本にはありませんでしたから。総合的に見ても、山本は高い評価に値するものと思います」

真珠湾攻撃によって甚大な被害を受けた海軍を立て直すため、アメリカは直ちに太平洋艦隊の再建に取りかかり、戦時体制へと急速に移行した。もちろん、かねてより進めていた戦艦・空母などの新造艦建造も、急ピッチで進められることになる。

開戦前、アメリカ海軍の戦略思想は、日本以上の大艦巨砲主義に支配されていた。しかしアメリカ政府は、真珠湾攻撃によって明らかになった、山本の「航空主兵」の戦略に衝撃を受け、ただちに米軍の戦略体系を航空主兵に転換。そして、航空機の開発と増産、航空要員の養成に大きな力を注ぐことになる。

## ニミッツの大抜擢

ルーズベルト大統領も、新たな手を打つ。新しい太平洋艦隊司令長官に先述のチェスター・ニミッツを指名したのだ。海軍の序列では二十八番目の少将に過ぎなかったニミッツを、司令長官の座に据えて大将に昇格させた、大抜擢《ばってき》人事だった。

ニミッツは山本より一つ年下で、当時五十六歳。祖父の代にアメリカに渡ったドイツ系移民の出身で、海軍の少尉候補生だった若き日には、日本に寄港した際に、日本海海戦で世界中に知られた東郷平八郎に面会し、大きな感銘を受けたという。素朴で飾り気のない人柄で、陸軍のマッカーサーやアイゼンハワーらと比べて、戦中・戦後を通じてアメリカ国内での知名度はそれほど高くなかった。

しかし、元海軍少将でピューリッツァー賞を受賞した歴史家でもあるサミュエル・E・モリソンは「ニミッツ提督は責任が増大するにつれて大人物に生長していく稀有な人物の一人であった」と称賛している。

太平洋艦隊司令長官に大抜擢されたニミッツは、妻にその心境を伝える手紙を書いている。日付は、一九四一年十二月三十一日。今回、番組取材班が、前出のワシントン米海軍歴史遺産保存司令部で入手した、本邦初公開の手紙にはこう書かれていた。

この手紙は短く走り書きで君に伝えるだけなんだが、ちょうど今から三十分後の午前十時、私はパイ（臨時長官）の後を継ぎ太平洋艦隊司令長官となる。どうか神のご助力とご助言が私にあらんことを、そして私に必要なすべてのご支援を神がお与えくださいますように……。

私はいまだ十分に熟睡できるような状況には達していない。なぜならあまりにも多くのことが進行中であり、私がやらねばならないことは、あまりにもまだたくさんあるからだ。しかしながら私は元気でエネルギーに満ちている。

**アメリカ海軍の人事システム**

このニミッツの抜擢の背景には、アメリカ海軍独特の柔軟な人事システムがあった。海軍史家のイアン・トール氏は次のように語る。

**▼イアン・トール氏**

「ニミッツ提督（少将）は、すでに一九四一年の始めには、太平洋艦隊司令長官就任を打診されていました。ルーズベルト大統領が申し出たのです。

ルーズベルト大統領はアメリカの歴史でも特異な経験を持つ大統領です。それは、彼がその政治経歴の初期に海軍次官を務めていたことです。それで、彼は個人的にチェスター・ニミッツを知っていました。しかしニミッツ提督は、「私はあまりにも下級なので、それは良い考えではないかもしれません」と言い、彼は大統領に敬意を表しつつも就任を辞退しました。

真珠湾攻撃後、この戦争を遂行する我々の能力を改善するためには、どんな行動でもとらなければならない、という海軍全体の了解がありました。もし下級の海軍提督を上級の地位に昇進させることであったとしても、それは受け入れられる、と。言い換えるならば、平和なときには「飛び級昇進」への反対は戦時中よりも大きかったが、戦時中にはそれが必要であるならば受け入れよう、という感情があったのです。

一方、日本の帝国海軍では、その人の昇進は海軍兵学校時代の成績が大きくものをいいました。どんなにすばらしい業績をあげても、三十年前か四十年前の江田島での成績順位の方が重視されたのです。アメリカ海軍で早くから始まっていた人事システムの刷新は、とても重要なものでした。しかし日本においては、ほとんど顧みられることがなかったのです。

ニミッツは、いくぶん山本に似ていると思います。山本は航空の可能性を認識していたし、日本海軍内部での保守的な抵抗に対抗して、先進的な航空機開発を促進しようとしました」

真珠湾攻撃をきっかけにして、アメリカは、航空機の増産に拍車をかける。

自動車産業でつちかった大量生産システムが十分に活かされて、アメリカの航空機生産は、一九三九年段階では軍用機と民間機の合計で五千八百五十六機に過ぎなかったが、一九四二年には約二万五千機と四倍以上に達していた。ちなみに一九三九年段階で、日本の軍用機生産は四千四百六十七機。軍用機生産に限って言えば、アメリカの二倍以上だった。

ルーズベルト大統領は、一九四〇年の段階で年産五万機を産業界に要求していたが、真珠湾攻撃によってその動きは本格化する。一九四二年には六万機、そして一九四三年には十二万五千機へと生産目標を次々に増加していき、特に日本の零戦に対抗しうる性能を持つ戦闘機と、日本の本土爆撃を可能とする大型爆撃機の生産に力が注がれるようになった。

## （三）来たる空襲を懸念する山本

### 緒戦の勝利

真珠湾攻撃の成功以来、日本軍は破竹の勢いで勝利を重ねていた。

真珠湾の二日後、昭和十六年（一九四一）十二月十日には、「マレー沖海戦」でイギリスの東洋艦隊を日本の海軍航空部隊が撃破。山本五十六が、航空本部長時代に開発を手がけた九六式陸上攻撃機と、その後継機である一式陸上攻撃機が力を発揮し、イギリス海軍が誇る新鋭戦艦「プリンス・オブ・ウェールズ」、巡洋戦艦「レパルス」を撃沈したのだ。この戦いは、航空機が航行中の戦艦を沈めることに成功した史上初めての戦闘だった。

さらに、スラバヤ沖・バタビヤ沖海戦や陸上攻略戦でも、日本軍は連戦連勝を重ね、東南アジアから南太平洋に至る広大な地域を占領下に置くことに成功する。開戦初頭に徹底攻勢をかけ、アメリカに反攻の機会を与えないという、山本の方針が功を奏していた。

日本国民の多くは、緒戦の日本軍の勝利に熱狂した。日本は欧米の植民地支配からの解放、「大東亜共栄圏」の建設をスローガンに掲げ、戦域は拡大していった。

## 「国内の軽薄なるさわき」

堀悌吉の『五峯録』には、山本が真珠湾から約一か月後の昭和十七年(一九四二)一月二日に古賀峯一に宛てた手紙が収録されている。そこには、真珠湾の勝利で一躍「英雄」となりながらも、その勝利に浮足立つ世相を苦々しく見ていた山本の心情が記されている。

(第一信)英米も日本を少し馬鹿にし過きたるも、彼等にすれは飼犬に一寸手をかまれた位に考え、ことに米としては、そろそろ本格的対日作戦にとりかゝる本心らしく、国内の軽薄なるさわきは誠に外聞わるき事にて、此様にては東京の一撃にて忽ち縮み上るならむと心配に不堪候。(……)まだまだこんな事にては到底安心出来す、せめて布哇にて空母の三隻位もせしめ置かばと残念に存居候。

(第二信)布哇攻撃は中央実施部隊(飛行家連にあらす)共に相当難色あり。成功しても一支作戦に過ぎす大した事なし、失敗すれは大変という言分なりし為、当時は大分不愉快の思ひをせしが、今では其人たちが最得意で居ったり勝敗が決した様の事を言ふので、実は世間のからさわぎ以上、部内幹部の技倆識見等に対し寂寞を感せしめらる次第にて候。

アメリカの動向や、空母を討ち漏らした結果について冷静に見つめ、対米戦争に勝利したかのような国内の騒ぎを「軽薄」とまで断じている。第二信では、世間以上に浮つく海軍幹部の見識の程度を寂しく思っていたことがわかる。

三和義勇少将が遺した手記によれば、真珠湾から凱旋した機動部隊各級指揮官に対し、山本は厳しい語調で次の訓辞をしたという。

真の戦いはこれからである。奇襲の一戦に心驕るやうでは真の強兵ではない。勝って兜の緒を締めよとはまさにこの時である。諸子は凱旋したのではない。次の戦に備へるために一時帰投したのである。一層の戒心を望む。

戦前、山本が足しげく通っていた料亭があった。山本と堀はよく料亭で会い、日本の行く末について語り合ったという。

料亭「和光」の女将だった丹羽ミチさんに宛てて、山本が書いた手紙が残っている。日付は、昭和十七年(一九四二)一月九日。娘の丹羽政子さんが保管するその手紙には、次のように書かれている。

今に東京に爆弾の雨か降るともしやおしまひてせふ。そうなると流石《さすが》の和光も落ちついて商売も出来なくなりますから。其時は其時に等といふ呑気《のんき》てはなく考えておく事ですね。

国内が快進撃に浮かれるなか、アメリカの国力や航空技術のレベルを知る山本は、やがて東京への空襲もあり得ると、予測していたのだ。

そして、その予測はやがて現実のものとなる。

# 第六章　反攻に出た大国アメリカ

## （一）ニミッツの奇襲

### 日本空襲計画

アメリカ太平洋艦隊の司令長官となったチェスター・ニミッツは、航空機を使って日本に一撃を加える計画を立てていた。真珠湾攻撃を受けた直後から、ルーズベルト大統領は日本本土の空襲が可能かどうかを研究させていたのである。

真珠湾での歴史的な敗北以来、アメリカ軍は各地で敗退を続けていた。さらに西海岸では、日本の潜水艦による通商破壊や沿岸砲撃を受けるなど、アメリカは日本軍の攻勢に衝撃を受けていた。ニミッツの作戦は、こうした情勢を挽回するとともに、アメリカ軍及び国民の士気を高めるために立案されたものだった。

しかし、太平洋の彼方の日本本土へ爆撃機を飛ばし、さらに安全に帰還させるのは至難の業《わざ》と思われた。アメリカ陸海軍は長距離爆撃機を保有していたが、日本本土を行動半径に収める範囲には、出撃する基地を持っていなかったのだ。

そこで、空母から航続距離の長い陸軍の爆撃機を発進させ、攻撃後は同盟国である中国に着陸させるという奇策が編み出された。具体的な立案者は、潜水艦畑出身のワシントン司令部参謀フランシス・ロー大佐。米海軍には、門外漢の発案であっても有効と見れば採用する柔軟性があった。

## ドーリットル空襲

真珠湾を出撃した空母「ホーネット」は、日本に向かう途中で空母「エンタープライズ」と合流。昭和十七年（一九四二）四月十八日、攻撃予定はその翌日だったが、日本の哨戒艇に発見されてしまったため予定を七時間繰り上げて攻撃を開始した。ジミー・ドーリットル中佐率いる十六機のB25が発進。東京、川崎、横須賀、名古屋、四日市、神戸を空襲し、十六機のうち十五機が爆撃に成功した。

攻撃を受けた日本側は、死者八十七名、重軽傷者四百六十六名、家屋二百六十二戸の被害が出た。その損害もさることながら、帝都東京への敵機侵入を防げなかったうえ、一機も撃墜できなかったことで、軍部をはじめ日本政府関係者は大きな衝撃を受けた。

山本も、開戦わずか四か月後のドーリットル空襲を重く受け止めていた。前述のように日本の本土空襲がありうることは予想していた山本だったが、いつ、どこに攻めて来るかは予測困難だった。

山本は、この空襲がアメリカの戦意高揚のために実行されたプロパガンダ的な作戦であることは察していた。しかし、やがてそれが本格的な本土大規模空襲、戦略爆撃へと結びつくことは、容易に想像できた。

空襲から二週間後の五月二日、当時支那方面艦隊司令長官だった古賀峯一に宛てた山本の手紙が、堀悌吉の『五峯録』に収録されている。

> 帝都の空を汚されて一機も撃墜し得ざりしとはなさけなき次第にて、拙劣なる攻撃も巧妙なる防御にまさる事を如実に示されたるを遺憾とするもの、夫《そ》れがあと二週間の間にもう一度どこかにあると反撃が間に合はぬ整備実情にて、此処暫く頗《すこぶ》る憂鬱《ゆううつ》に御

座候。

山本にとって、帝都の空を敵に「汚された」ことは堪えがたいことだった。

## (二) 珊瑚海海戦

**「連続決戦主義」**

真珠湾攻撃以後、日本軍の勢力圏は南太平洋全域に及ぶ勢いを見せていた。それは、日本軍の戦略的優位を示すものではあったが、日米の圧倒的な国力の差は拭いがたいものがあった。

相澤淳氏は、山本の頭にあったのは、あくまでも「早期講和」であったと分析する。

**▼相澤淳氏**

「軍縮などを経験するなかで、山本五十六は、もしアメリカとの戦争になった場合は、航空戦力というのが非常に重要だ、そこに日本の一つの戦い方があるのではないか、とずっと研究を続けていたわけです。いざアメリカと戦争になったならば、航空兵力で真珠湾をたたくという構想は、一九三〇年頃くらいからある程度何人かの先輩や同僚・後輩らに打ち明けている。

日本は英米と戦争したら、せいぜい二年ぐらいしか持たない。国力の計算上、これ以上続かないという、そういう判断をしていくようになる。総力戦をアメリカとやると負けるということは分かっているわけですよ。長い戦いになれば勝てない。じゃあ、短期で終わるかというと、総力戦の時代に戦争を短期で終わらせるのが難しいことも、一方では分かっている。

そこの一つの山本の解決は、日露戦争のときのように一度の決戦では講和に持ち込めないだろうけれども、連続して勝つことによって、いわゆる「連続決戦主義」というような形でどこかで（戦争を）終わらせられないかというもの。それが、山本が最後にすがった考え方だったんじゃないかと思っています」

## 世界初の「空母決戦」

ドーリットル空襲の後、日本軍はアメリカとオーストラリア間の交通と補給路を遮断し、オーストラリアを連合国側から孤立させるFS（フィジー・サモア攻略）作戦を進める。その一環として発動されたのが、ニューギニアのポートモレスビー攻略だった。

派遣されたのは十一隻の輸送船団と護衛の空母機動部隊。総合指揮を執るのは、かつて山本や米内光政とともに、日独伊三国同盟に反対した井上成美中将である。

井上は、南洋方面を担当する第四艦隊司令長官となっていた。現場の実戦部隊となったのは原忠一少将率いる第五航空戦隊で、空母「瑞鶴」「翔鶴」に、輸送船団の護衛にあたっていた小型空母「祥鳳」を加え、計三隻の空母が投入されていた。

日本海軍の機動部隊の動きを暗号解読によって察知していたアメリカ軍は、空母「ヨークタウン」と「レキシントン」を含む艦隊を派遣。昭和十七年（一九四二）五月七日、空母同士が主力として戦う世界史上初の海戦が繰り広げられた。「珊瑚海海戦」である。

珊瑚海海戦では、急降下爆撃機による攻撃により、まず日本の「祥鳳」が沈没。一夜明けて仕切り直し、八日未明から戦闘が再開され、日本の攻撃隊は「レキシントン」を沈没に追い込み、「ヨークタウン」も中破させた。

しかし、総指揮をとる井上司令長官は、現場空母部隊の原司令官から要請を受け、攻撃を止めて北上するよう指示。機動部隊は戦闘後の燃料が不足し、空母「翔鶴」は甲板が大破して使えず、残存攻撃機もわずかに爆撃機が九機、雷撃機が六機となっていた。

これに対し、瀬戸内海の旗艦「大和」で戦いを見守っていた山本司令部は、機動部隊の状況がよく伝わっていなかったこともあり、自軍の損害だけを過大視する弱将の判断だとして井上を叱咤。残敵の殲滅《せんめつ》に努めるよう命じたが、すでに戦機は去り、空母「ヨークタウン」を取り逃がした結果となってしまった。

## アメリカが得た教訓

世界初の空母決戦となった珊瑚海海戦は、日米ほぼ互角の戦いであり、貴重な教訓を残した。アメリカ海軍は、真珠湾攻撃後に引き続き、珊瑚海海戦後にも、すぐに詳細な分析を行っている。

『グレーブック』には、日米両軍の長所と短所を比較分析した結果がまとめられている。日本海軍についての分析では、真珠湾と同様「士気が高い」こと、「パイロットの技術が我々より優れている」ことを指摘。しかしアメリカは、日本軍の優秀なパイロットに対抗するため、すでにパイロットの大量養成に力を入れ始めていた。米海軍大学校の教授で戦史研究家のブラッドフォード・リー氏は、次のように語る。

**▼ブラッドフォード・リー氏**

「一九四一年十二月の時点で、日本海軍は世界一でした。なかでも最も有能なのはパイロットでした。彼らは、零戦という最高の海軍戦闘機を持っていました。ですので、かなり形勢はよかったのですが、ここに問題がありました。

なぜパイロットがそれほど優秀だったのか。それは、彼らが非常に難しいトレーニングをしていたからでした。たいていの人々は、トレーニングを乗り切ることができませんでした。トレーニングを達成した人々はエリートだったのです。彼らは素晴らしかった。世界中で最良の海軍パイロットでした。しかし、交代要員を用意するシステムではなかった。

日本の問題点は、長期戦を想定していなかったことです。継続的にパイロットを戦場に送り込む教育システムを作っていなかったのです。一方、アメリカは、実戦経験を積んだパイロットをあえて前線から外し、新人の教育養成に当たらせました」

防衛大学校名誉教授の田中宏巳氏も同じように見る。

▼田中宏巳氏

「アメリカは、撃墜された飛行機のパイロットの救出を盛んにやっていましたから、意外に数は減っていなかったそうですね。日本の場合は、落ちたらもう終わりです。海戦が終わるたびにどんどん目減りしていく。

では補充があるかというと、比較的アメリカのほうは早い。元々自動車（運転）を最初からできる人たちですし、訓練時間は非常に長い。機材も豊富だという。日本の場合は、まず教える先生が少なくなっている。それから機材も足りない、燃料も足りない。初めて自動車のキーを入れるような人ばかりですから、元々の出発点が違うわけですね。どうしても時間がかかってしまう」

## ニミッツの迅速な指示

また、アメリカは空母に対する指示も迅速だった。アメリカ太平洋艦隊司令長官のニミッツは、珊瑚海海戦で大きな損傷を受け、かろうじて逃れることができた空母「ヨークタウン」について、新たな指令を出していた。

ヴァンダービルド大学名誉教授のジェームズ・アワー氏はこう語る。

**▼ジェームズ・アワー氏**

「珊瑚海海戦で、ヨークタウンはひどい損傷を受けていました。真珠湾に戻ってきたとき、修理には何か月も要するだろうと考えられていたのです。

しかしニミッツは、数日で修理を完了するよう命じました。技術者たちは不可能だと主張しましたが、ニミッツは命令を撤回しませんでした。なぜなら、航空戦力がいかに重要な存在であるかを教えたのは、他ならぬ真珠湾での山本だったのですから。

そしてニミッツは成功しました。ヨークタウンの存在なしでは、ミッドウェー海戦の結果は異なっていることがあり得たはずです」

## 経験を活かせなかった日本軍

これに対して、日本海軍は珊瑚海海戦をどのように総括していたのか。

戦闘後に司令部に提出する報告書である現場空母部隊の「戦闘詳報」には、アメリカ海軍の「ヨークタウン」を含め空母二隻を撃沈したと、事実を誤認した報告がなされていた。さらに自隊の空母や航空機がかなりの被害を受けていたことを細かく報告していた。

これを受けて井上成美はポートモレスビー攻略を延期。しかし、緒戦から勝利が続いていたため、海軍上層部は井上を強く非難し、珊瑚海海戦での挫折はすべて、実際に戦闘にあたった第四艦隊と第五航空戦隊の未熟が原因だと断定する。井上は激しい批判にさらされ、第四艦隊がまとめた報告の電文綴りには、「バカヤロウ」「弱虫」と赤鉛筆で殴り書きされていたという。

田中宏巳氏は、珊瑚海海戦について次のように分析する。

**▼田中宏巳氏**

「珊瑚海海戦は、史上初めての空母機動部隊同士の戦いで、事前に予想したことがほとんど当たっていないわけですね。お互いに動き回っている敵、味方同士を発見するのは非常に難しい。また、敵の航空機が攻めてくるとき、空母しか狙ってこない。かつて花形だった重巡や軽巡を無視してくるわけです。それほど空母ないし航空機が重要だ、と。

空母を狙ってくるのであれば、空母の防空能力は低いのだから、上空に航空機を配置してそれを守らなければいけない。それをやっていなかった面もある。そして、敵の雷撃機が怖いのか急降下爆撃機が怖いのか、今まではっきりした答えはなかった。日本はアメリカの雷撃攻撃は大したことがないとしか見ていませんでしたが、恐ろしいのは急降下爆撃機だった。

最新の経験が出てきたら、即対策を練らないと同じ轍《てつ》を踏むことになる。その辺で、アメリカのような経験主義の国と成文法主義の日本との違いが出てくると思うんです。どうも日本はその点が駄目だったと思う。

特に珊瑚海海戦が教えたのは、敵の飛行機は相手の空母しか狙ってこない、空母が一番大事だということです。しかし空母がやられる可能性も大きいわけです。いかに空母を守るかということを、アメリカはその後考えるわけですね」

## （三）ミッドウェー海戦

### 山本司令部の立案

真珠湾で戦果を挙げた連合艦隊ではあるが、このとき敵空母を撃滅できなかったことが、のちのち響いてくる。

すでに述べたように、開戦当初は、艦艇部隊でも航空兵力でも日本が優勢だった。ミッドウェー海戦までの、日本海軍と連合国海軍の損失を比較すると、圧倒的に日本が有利に戦争を展開していたことがわかる。連合国軍側（アメリカ、イギリス、オランダ）は、戦艦六隻、大型空母一隻を含む三十二隻を失っていたが、日本側が失ったのは小型空母一隻のほか、駆逐艦六隻と潜水艦四隻。合わせても十一隻に過ぎなかった。

しかし国力に勝るアメリカは、真珠湾での痛手から立ち直り、航空機や空母の大増産に着手。時間が経てば経つほど、アメリカ軍の陣容は整い、やがて日本海軍を凌駕するようになるのは明らかだった。

山本が掲げた「航空主兵主義」は、真珠湾に始まりマレー沖海戦、珊瑚海海戦へと続く日米の緒戦において、その正しさが証明された。そして、アメリカ軍は着実にこれらの経験に学び、「大艦巨砲主義」を「卒業」し、航空機を艦載する空母を中心とした機動部隊を太平洋に展開する戦術を取り始めた。いわば、山本の戦いに学んだわけだ。

日米ともに機動部隊同士が四つに組んで戦う真っ向勝負となれば、やがては物量に勝るアメリカが勝利を収めることになる。そこで山本は、早期に残存敵空母をおびき出し、一挙にこれを撃滅する作戦に着手した。それがミッドウェー作戦である。

真珠湾攻撃の直後、日本海軍は多大な犠牲を出しながらも、太平洋上のウェーク島を攻略していた。ミッドウェー島は、ハワイとウェーク島の中間に位置する。ここを押さえれば、米太平洋艦隊の行動を抑止できるという狙いがあった。

## 「二つの作戦」と「二つの目標」

中部太平洋のミッドウェー島を襲い、同航空基地を攻撃、ハワイに待機する敵空母を誘い出し、機動部隊をもって撃滅する。米空母の撃滅こそ、山本が思い描いたミッドウェー作戦の主目的であった。この作戦を起案した渡辺安次参謀も、戦後、山本長官の目的はここにあったと語っている。

作戦実施十二日前の昭和十七年（一九四二）五月二十四日、山本は古賀峯一に宛てた手紙で、心情を吐露している。これも、堀悌吉の『五峯録』に収録されている。

支那を片付けすして長期戦に入りて不敗の姿勢を維持出来る位ならば、誠に甘き話なるもなかなか困難なるへく、ビルマ作戦進捗の勢に乗する等は一機会と思はるるも、陸軍は左様の考も無之《これなき》様子は残念に候。

之に反しアリューシャン、フィジー、サモア等比較的抵抗少かりそうの方面には手を延はしたがる事、中央陸海軍共通の如く、摩擦消耗面を手広くして補充之に伴はず、今に困るにあらずやと憂慮に不堪候。

とにかく月末より行動を起し東方に進出、米残兵力をおひき出して一挙に撃滅出来れは結構と思居候へ共、敵も大分すれて来た今日、左様うまく行くか否か疑問に候。

自分の参謀たちが立てた計画であるにもかかわらず、「うまく行くか否か疑問」と言わざるを得ないところに山本の苦衷がうかがえる。

手紙にもあるように、五月五日にミッドウェー作戦（MI作戦）及びアリューシャン作戦

（AL作戦）の大命と大本営指示があり、さらに十八日にはフィジー・サモア攻略作戦（FS作戦）の指示も出されていた。同時にいくつもの攻撃目標が掲げられていたのである。特に「ミッドウェー作戦」と「アリューシャン作戦」を同時に実施するよう軍令部が要求したことは大きく影響した。

ここに「二つの作戦」の問題がある。それは、空母戦力の分散につながる大問題であった。

珊瑚海海戦の損傷で、南雲機動部隊は真珠湾当時の空母六隻が四隻に減じていた。しかし、もしアリューシャン作戦に投入された二隻をはじめとして、分散していた空母を結集すれば、大小合計八隻をミッドウェーに投入することができた。兵力の逐次投入や分散を戒め、戦力を一挙に集中して敵を各個撃破するのは、戦略・戦術の要諦である。しかし、勝利に浮き立つ一方で、手痛い本土空襲の再発を恐れる海軍中央は、連合艦隊に同時多方面の目的を与えることになった。

「二つの作戦」と同時に、「二つの目標」という問題もあった。当時、駆逐艦「嵐」の水雷長として、ミッドウェー海戦に参加した谷川清澄氏（九十八歳）は、番組取材班に対して次のように語っている。

▼谷川清澄氏

「敵側の情報が入ってこないんですよ。こちらは攻撃に行ったんだけど、（米空母が）よく見つからんとか。しかもミッドウェーを攻めろとか、向こうの空母をやっつけろとか、命令が二つ出ていたような気がします。戦争をするときは一つだけに目標を絞らないと、うまくいきませんわ」

戦後、海上自衛隊で海将を務めた谷川氏の指摘する通り、ミッドウェー作戦では「ミッドウェー島攻略」と「米空母撃滅」の「二つの目標」が掲げられていた。ミッドウェー攻略に驚いた米空母部隊が真珠湾を出撃してくるので、連合艦隊はそれをゆっくり待ち受けて撃滅するはずだった。

しかし、そうはうまくいかなかったのである。そこには米海軍情報部の活躍があった。

## 解読されていた日本軍の暗号

昭和十七年（一九四二）六月五日、日本の機動部隊はミッドウェー島への第一次攻撃を開始した。

この作戦に動員されたのは、三百隻以上の艦船と九百機を超える航空機、そして参加将兵約十万という、空前の大兵力だった。しかし前述の通り、中核となる戦力は南雲司令長官が率いる「赤城」「加賀」「飛龍」「蒼龍」の四隻の空母だけだった。

この日本艦隊を、アメリカの機動部隊が密かにミッドウェー近海で待ち構えていた。事前に真珠湾から出撃した「エンタープライズ」と「ホーネット」の空母二隻、そして珊瑚海の苦戦にもかかわらずニミッツが送り出した「ヨークタウン」の計三隻である。

なぜニミッツは連合艦隊の動きを事前に知っていたのか。それは、日本海軍の暗号を解読していたためであった。真珠湾攻撃以前から、ハワイには「ハイポ」と呼ばれる暗号解読チームが特別編成され、日本海軍の五ケタの数字による戦略用D暗号の部分解読に成功。海戦の一週間以上前に、日本軍の目標がミッドウェーであることをつかんでいた。

暗号の解読を含め、ニミッツ長官以下米海軍司令部は、世界初の空母決戦だった真珠湾や珊瑚海海戦から多くのことを学び、それを「教訓」として『グレーブック』にまとめていた。具体的に要約すると、以下のようになるだろうか。

①事前に日本軍の通信を傍受し、暗号解読などによる情報の入手が重要であること
②空母のレーダーを使用して、日本の航空攻撃隊の来襲を遠距離で捕捉し、空母上空の護衛戦闘機で待ち構えて空母を守ること
③空母だけでは弱いので、陸上航空基地（ミッドウェー基地部隊）と合わせて戦うこと
④なるべく多数の空母と飛行機を集中して投入すること
⑤強力な日本の戦闘機零戦に対しては、アメリカの戦闘機は二機ないし三機が一チームとなり、事前に有利な高高度に上昇・待機しておいて戦うこと

これらの教訓を生かしたニミッツ率いるアメリカ機動部隊は、密かに日本軍の東二〇〇カイリまで迫っていた。しかし、まだハワイにいるはずだから「本日敵出撃の算なし」と油断していた日本軍の索敵機は、悪天候により雲の上を飛んだため、米艦隊の直上にありながら、アメリカ機動部隊を捕捉することができなかった。これに対して、日本の空母を発見したアメリカ機動部隊は、攻撃隊を次々と出撃させた。

戦端が開かれる前に、すでに情報戦においてアメリカは日本を圧倒していたのだ。

## 南雲の誤算

日本側の作戦指揮をとったのは、真珠湾攻撃のときと同じ、第一航空艦隊司令長官の南雲忠一中将だった。

日本の機動部隊によるミッドウェー島への第一次攻撃は、アメリカ軍が防御態勢を整えていたため、不調に終わった。そこで第二次攻撃が必要だと判断した南雲は、山本司令部の指示により米空母に備えて待機、装備していた第二次攻撃隊の対艦攻撃用魚雷を、独断で急遽陸用爆弾に取り換えた。空母艦上は転換作業でごった返すことになった。

そのとき、別の日本の偵察機がようやく米艦隊、さらに続航する米空母を発見する。敵航空機が襲来するのは時間の問題だ。南雲は、攻撃機の陸用爆弾を再び対艦用の魚雷に再換装するよう命じた。

換装・再換装には、二時間強を要するとされている。次席指揮官である山口多聞少将は、陸用爆弾のまま、ただちに出撃させるよう意見具申したが、南雲はこれを却下した。

空母艦内が再度の転換作業で混乱するさなか、四十機におよぶ米空母発進の雷撃機が襲いかかった。各艦は回避行動をとるとともに、上空を護衛する零戦が奮戦し、低空から進入する米雷撃機を撃退することはできたが、そのとき高空からは逆落としに五十機近い米急降下爆撃機が来襲してきた。

命中した爆弾は数発だったが、各空母の甲板や格納庫には、艦載機や取り外した爆弾、魚雷が並べられていた。これらが誘爆を引き起こす。その結果、空母「赤城」「加賀」「蒼龍」の三隻は、わずか二～四発の被弾で大火災を引き起こし、やがて沈没する。

ただ一隻残った山口多聞司令官の空母「飛龍」は奮戦し、アメリカの空母「ヨークタウン」を大破。しかし夕刻には「飛龍」も被弾して沈没する。山口司令官は、加来止男艦長とともに「飛龍」と運命をともにした。その後、伊一六八潜水艦が魚雷攻撃で「ヨークタウン」に止めを刺した。

ミッドウェー海戦における日本側の損失は、空母四隻沈没、重巡洋艦一隻沈没、一隻大破、駆逐艦一隻中破、航空機二百六十機喪失。そして戦死者は三〇五七名に上った。しかし、国民には空母四隻を失ったことは伝えられず、大本営は「一隻沈没、一隻大破」と発表した。

対する米海軍の損失は、空母一隻沈没、駆逐艦一隻沈没、航空機約百五十機喪失、そして戦死者は三〇五名にとどまった。

## 「負けるはずのない戦い」

ミッドウェーでの敗北をどう見るべきか。作家の半藤一利氏は、次のように語る。

### ▼半藤一利氏

「ミッドウェー作戦は、負けるはずがないと思っていた作戦なんです。日本側はかなり誤解をしておりました。アメリカの航空母艦は珊瑚海で二隻沈めたので、太平洋方面にはもう二隻しかないと思っていた。かなりアメリカの兵力を過小評価していたんです。日本艦隊が大挙して出て行けば、アメリカ艦隊は出て来ないいんじゃないかというのが、どうも連合艦隊全体を覆っていた空気だったと思います。

おごりがあったのだと思います。戦後、草鹿龍之介参謀長に会って、ミッドウェー敗戦の話を一生懸命持ちかけて聞いたのですが、なかなか返事をしない。でも「敗因はなんだと思いますか」と聞いたら「驕慢《きょうまん》の一語につきます」と言っていましたからね。参謀長がそう言うんだから、よっぽど機動部隊全体に驕慢な空気があったんじゃないでしょうか」

ミッドウェー海戦では、空母の備えについても日米で大きな違いがあった。

アメリカは一か月前の珊瑚海海戦で中破した空母「ヨークタウン」を、わずか三日で修理したことはすでに述べた。さらに、「エンタープライズ」「ホーネット」も合わせて三隻の空母を、それぞれ距離をとって分散配置していた。

これに対して日本は、四隻の空母を視界内に集中配備していた。そこにどんな問題があったのか。田中宏巳氏が指摘する。

▼田中宏巳氏

「珊瑚海海戦が教えたのは、空母をいかにして守るかということでした。空母を一隻ずつバラバラに配備して、それを防衛する艦隊をそれぞれつけて戦場に向かうことで、一隻くらいやられても、同時に三隻も四隻もやられることはない。そうアメリカは臨んでいるわけです。

日本の場合は珊瑚海海戦の教訓がいかされなかったから、四隻もの空母が団子状態で行って、たまたま飛龍だけは航行中にそれましたから、一時助かるわけですが、残り三隻はあっという間にやられてしまったわけです。

日露戦争のときに、東郷さんは黄海海戦で失敗している。でもその後、どうして失敗したのかという反省を秋山さんと何十回もやって、そこで得た教訓をもって東郷さんは日本海海戦に臨んでいる。

ところが珊瑚海海戦では、原忠一さんが第五航空戦隊を率いたのに、その原さんはミッドウェーに行けなかった。珊瑚海海戦の教訓を得たんだけれども、ミッドウェーには別の人が行くわけですね。そこで教訓の継承ができなかった。

アメリカの場合は、フレッチャーが珊瑚海海戦で成果を収めきれなかったけれど、彼はそこで反省し、そのままミッドウェーに行って大成功を収めるわけです。経験の継承は人を変えるとまずい面があると思うんです」

## 日本にはなかった「失敗の研究」

半藤一利氏は、日本人の「反省下手」を鋭く指摘する。

▼半藤一利氏

「ミッドウェー海戦でなぜ負けたのか。それを検討する「大反省会」を日本海軍はやっていません。「失敗の研究」をちゃんとしていない。日本艦隊だけでなく陸軍もやっていません。

日本軍がというより、日本人全体がそういう体質だったのでしょう。日本人は仲良し主義ですから、そこまでやりたくないというのがあるのではないか。失敗の教訓というものをきちんとした記録とか証拠物件を集めて残しておこうという精神は、およそないんじゃないでしょうか。

その点、アメリカはものすごいですよ。徹底的にやりますから。私たち日本人は、戦争というものの本当の酷さといいますか、残酷さといいますか、そういうものときちんと向き合おうとしなかったんじゃないでしょうか」

## 山本から南雲への手紙

ミッドウェーでの敗戦を境に、戦局は大きく転換し、日本海軍は次第に追い詰められてゆく。

敗北の責任を感じた南雲長官は、自決も考えていたという。機動部隊の参謀長、草鹿龍之介少将は山本に進言する。アメリカ海軍に対し、南雲が復讐できるよう取り計らっていただきたい、と。山本は「承知した」と答えたという。そして、全責任は自分にあるとし

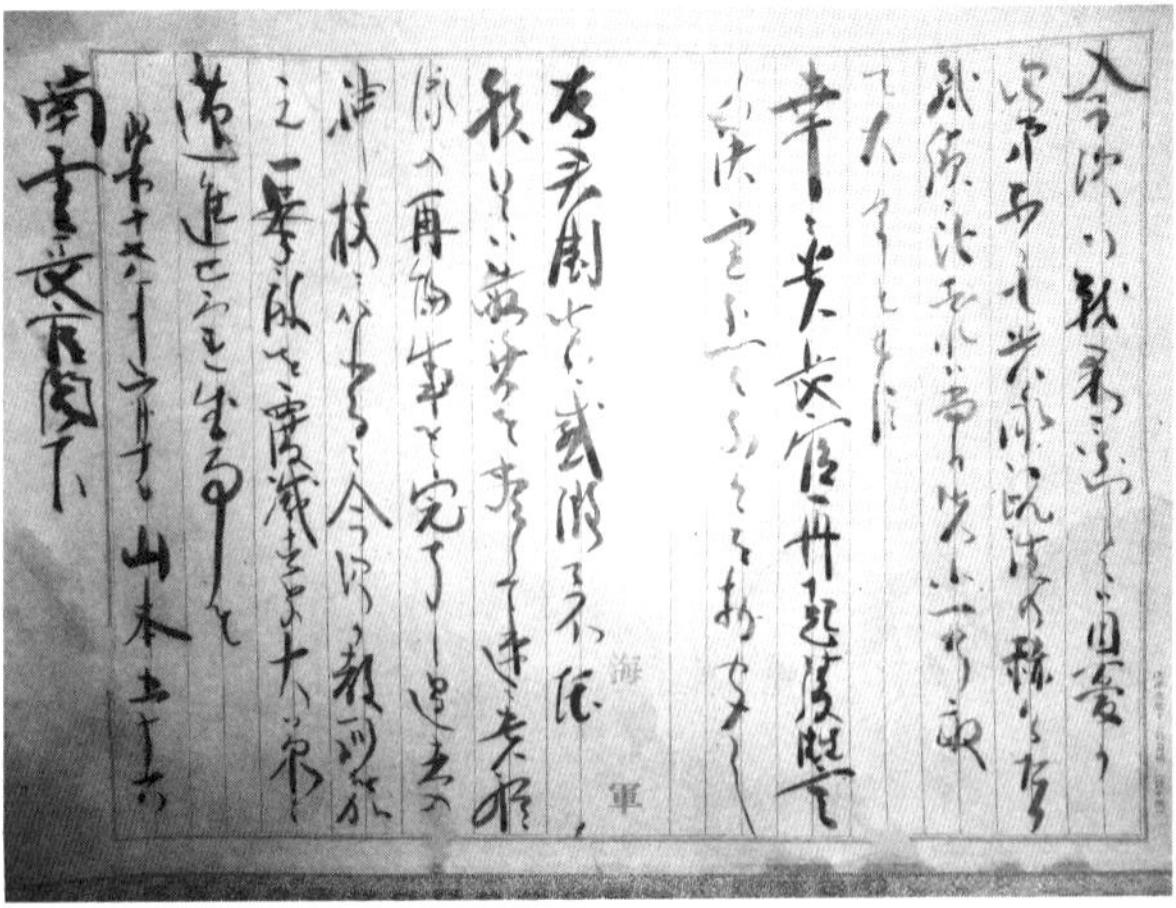


南雲忠一宛て書簡
（昭和十七年六月十日付、個人所蔵）

て、南雲の自決を思いとどまらせ、次の戦いに備えるよう伝えたのだ。

　このとき、南雲にあてた山本の手紙が広島県の呉で発見された。それは、南雲の再起を促す内容だった（呉市在住の個人所蔵）。

　願くは最善を尽して速《すみやか》に貴艦隊の再編生丼《へんせい》を完了し、過去の神技に加ふるに、今次の教訓を加え、一挙敵を覆滅する乃《の》大策に邁進せらる可《べき》事を。

　工藤美知尋氏は、この手紙にはさまざまな事情が見て取れるという。

▼工藤美知尋氏

「南雲はもともと艦隊派で、大角人事で山本の親友堀悌吉の首を切る運動をやった旗頭の人です。しかも水雷部隊（巡洋艦と駆逐艦）の出身で、航空分野は素人なんです。だから山本としては、使いづらい部下だったでしょうね。本来、機動部隊の指揮を任せるようなキャリアじゃないんです。

しかし、帝国海軍の人事というのは海軍大臣の専権事項ですから、連合艦隊司令長官は決定できない。しかも穏健派と強硬派のバランスをとったり、戦艦派と航空派の両方に目配りしたり、何よりも先任序列（ハンモック・ナンバー）が大きくものを言うので、この時期、南雲が機動部隊の長官になるわけです。

アメリカはニミッツを見ても、実力があればどしどし登用する。日本海軍も本当なら小澤治三郎とか、ミッドウェーで最後まで戦って戦死した山口多聞あたりが機動部隊の指揮官に座ればよかったのですが、硬直していてそれができない。この辺りは、日本の組織や人事制度の欠点ですね。

山本さんは、南雲さんが嫌いだったと思いますよ。だから心情的には複雑な思いもあったでしょうね。でもこのときは、ミッドウェーの敗北の責任は全部この山本にある、南雲を責めちゃいかんと部下の参謀たちにも言っているし、なんとか自決から救おうとしたのでしょう。

また、山本は南雲をまた機動部隊に据えたことでいろいろと言われていますが、南雲と草鹿のコンビは、このあと南太平洋海戦でアメリカの空母をやっつける。ミッドウェーの貴重な経験を活用させたと見ることもできるんです。とかく日本は責任をとるというと、辞任して終わりということになりますが、それでは敗北の経験が生きない。そういう観点からの見方もあるのではないかと思います」

## （四）ガダルカナルでのアメリカの反攻

### 退けられた山本の進言

昭和十七年（一九四二）八月、アメリカ軍の大規模な反攻が、南太平洋のガダルカナル島で始まる。

日本海軍は、この島で飛行場建設を進めていた。ニミッツ指揮下のアメリカ第一海兵師団一万一千の大兵力は、飛行場の完成間近を狙って上陸。日本軍の守備兵はわずか三百数十名に過ぎず、物量にまさるアメリカは飛行場を占領する。

トラック島で指揮を執っていた山本は、海軍中央に兵員や物資をガダルカナル島に送るよう進言する。しかし、制空権を奪われたため、物資の補給は困難をきわめた。

このとき、山本は自らの苦衷を盟友の堀悌吉に書き送っている。昭和十七年十月二日付の書簡だ。

こちらはな可《か》な可《か》手がかかつて簡単には行かない。米があれ丈の犠牲を払って腰を据えたものを一寸やそつとであけ渡す筈がないのはずつと前から予想したので、こちらも余程の準備と覚悟と犠牲かいると思って意見も出したが、皆土たん場迄は希望的楽観家だからしあはせ者揃のわけだ。

山本は、本格的反撃が必要だとの自分の意見が受け入れられないと述べ、陸海軍中央は本当の土壇場になるまでは「希望的楽観家」だと嘆いた。

### 堀との往復書簡

この手紙を受け取った堀は、面倒を見ていた山本の留守家族の様子を、昭和十八年一月十六日付の手紙で伝えている。

平時でも、連合艦隊司令長官の任につくのは長くても二年。しかし山本はおよそ三年半もこの激職にあった。そんな山本の心労を思いやって、堀はしばしば山本宅を訪ね、家族の面倒を見たり近況を山本に報告したりしていた。

お留守宅は皆お丈夫で、正月は伊豆の長岡で楽しく暖かくすごしたらしく、御子息等は皆非常に元気だ。（……）暑い処で連続の激務、お察しする。切に御自愛を祈る。

芳賀徹氏は、二人のやり取りを次のように見る。

**▼芳賀徹氏**

「堀悌吉は山本の苦衷をよくわかっていたが、やっぱり山本を励まさざるを得なかった。

現場に立たされていない後ろめたさもあったと思う。現場に立っていればもっと何か言えたかもしれない。しかし実際の堀は予備役に回されている。そういう立場であからさまに軍部の指導者に対して自分の意見を言うことはできない。言おうとも思わない。

しかし、言わないことに対する後ろめたさがある。自分の本来の思想とは全く反対の方向に国が動いて、先が見えてしまっている。非常にやるせない、なんとも堪えがたい思いだったと思う」

堀が返事を出した十二日後、トラック島にいた山本は、さらに堀宛てに手紙を書いている（昭和十八年一月二十八日付）。

此先きは油にしろ食料にしろ鉄にしろ、もつと真面目に考えなければなるまい。艦隊も夫れに応する様の作戦にしなければギリ貧所か下痢貧になつて仕舞ふだろう。（……）開戦以来もう一五、〇〇〇人もなくしたので、

一とせをかへりみすれば亡きともの
　数へかたくもなりにける哉

山本は、ずっと黒皮の手帳に殉職・戦死した部下の名前と遺族の住所を書き溜めており、堀への手紙の締めくくりは、このことを詠んだ歌だった。

## 山本から最後の手紙

この手紙から四日後の昭和十八年（一九四三）二月一日、ガダルカナル島から日本軍は撤退を始める。

ガダルカナル島での戦死・行方不明者は二万人以上。そのうち一万五千人が餓死者であったと推定されている。山本は、強い決意で動ける駆逐艦をすべて投入して撤退作戦に臨み、一万人余りの撤収に成功する。

ガダルカナル撤退から一か月後の三月六日、山本は堀に宛てた手紙を書いている。これが、山本が堀に出した最後の手紙となった。書面は、堀の息子や娘を気遣う言葉で満ちていた。娘のすみ子は男の子を産み、息子の正《ただし》は高校受験を控えていた。

留守番の件、色々御心配多謝。正君必成をいのる。小供より親の方か数倍心配やら。

すみ子さん、おめで度ふ。寒いから之も心配。しくじらぬ様にいのる。夫れては御大事に。

戦場にありながら、親友の家族を思いやる気持ちがあふれている。そこには、連合艦隊司令長官であるとともに、父であり夫である、家庭人としての山本の心が静かに伝わってくる。

ガダルカナルからの決死の撤退という危機的な状況にあって、山本が一個の人間に戻れる唯一の時間が、親しい堀たちとの手紙のやり取りだったのかもしれない。

# 第七章　ブーゲンビルに死す

## （一）　山本の最期

### 解読された暗号

ガダルカナル島からの撤退後、日本軍はソロモン周辺の要地を次々にアメリカ軍に奪われていた。

追い込まれた日本海軍は、状況を打開するため、ソロモンを中心とする南太平洋地域を攻撃目標として、航空戦力を集中。ラバウル基地から大規模な航空攻撃を行う「い号作戦」を計画する。山本が直接、この作戦の総指揮を執ることになった。

「い号作戦」の実施部隊は、ラバウル所在の第十一航空艦隊司令長官、草鹿任一中将指揮の陸上基地航空部隊と、第三艦隊司令長官、小澤治三郎中将が指揮する空母所属航空部隊だった。

山本は旗艦「武蔵」から、空路ニューブリテン島のラバウル基地に赴き、純白の軍装に身を包み端正な敬礼で将兵を見送りつつ、総数約四百の攻撃機を陣頭指揮した。航空部隊は、昭和十八年（一九四三）四月七日から十四日にかけて、五回にわたりガダルカナル島、ポートモレスビーなどを空襲。しかし、戦果は思ったほど上がらなかった。

この「い号作戦」終了後、山本は十八日にラバウルを飛び発ち、ブーゲンビル島を経由し、最前線のバラレ島を視察激励する予定になっていた。山本長官の視察は、事前に前線に知らされていた。視察予定を具体的に伝える電文は暗号化されていたものの、ハワイの米海軍情報部によって解読されていた。それには「十八日午前六時ラバウル発、護衛の戦闘機は六機」などと詳細に記されていた。

解読電文を届けたレイトン情報参謀とニミッツ長官は、山本暗殺の得失を検討した。この攻撃により米側の暗号解読が露見する危険性はないか、山本より有能な長官が出てこないか、山本戦死が日本に与える影響などである。ニミッツは、山本が他のどの提督より頭ひとつ抜きん出ていると結論し、念のためワシントンに山本襲撃を諮《はか》った。高名な最高指揮官を暗殺するのは、政治問題でもあると判断したためだった。そして、ノックス海軍長官とルーズベルト大統領の承認が下りた。

### 山本暗殺作戦

昭和五十七年（一九八二）九月二十二日に放送された、NHKの番組「歴史への招待」で、この元アメリカ太平洋艦隊情報参謀のエドウィン・レイトン少将（当時中佐）は、インタビューで次のように証言している。

▼エドウィン・レイトン氏

「日本海軍は時間に正確なんだ。日本の国鉄みたいにね。山本は急行の「つばめ」や「さくら」のように必ず時間どおりにやってくる。待ち伏せの時間は二、三分しかない。ガソリンがなくなるから、帰れなくなるんだ。だから山本が時間に正確であることが計画の前提だった。気の毒だが、「日本の急行」みたいな几帳面さが彼の死を招いたんだよ」

日本語を専修し日本に駐在していたレイトンは、海軍次官時代の山本から歌舞伎や鴨猟に誘われ、一緒にカードゲームを楽しんだ経験がある。レイトンの自伝には、山本の人柄に好意を抱いていた様子が記されている。山本襲撃命令書に副署したときには、間接的とはいえ山本暗殺の引き金を引くことになり、良心が傷んだという。

海軍史家のイアン・トール氏は、山本の暗殺作戦について次のように指摘する。

### ▼イアン・トール氏

「正直に言って、私は一九四三年当時はただ激しい戦争の熱狂があったのではないかと思います。ただの憎しみ、あるいは憎悪の類のようなものです。頭ではなく、心で下された決断だったのではないでしょうか。山本を殺せ。真珠湾を攻撃したのだから。ただそれだけだったと思います。そこに論理的な決定はあまりなかったのではないでしょうか。戦時中、山本は東條英機大将やヒットラー、ムッソリーニと同じような悪党と見られていたと思います。

アメリカの歴史家が、山本が第二次世界大戦の開戦前に、非常に異なる役割を演じていたことを理解したのは、終戦を迎えてからのことでした。山本が実は、いろいろな意味で非常にリベラルな、非常に賢明な、非常に洞察力がある、そして知的な男であったことを知ったのです」

## ブーゲンビル上空で撃墜

昭和十八年(一九四三)四月十八日午前六時、山本は予定通りラバウルを出発。一式陸上攻撃機の一番機に搭乗した。二番機には宇垣纏《まとめ》参謀長ほかが搭乗していた。零戦六機が護衛についていたが、これではあまりに少なすぎると、小澤中将は護衛機の増勢を申し出たが、山本はこれを却下していた。

アメリカ軍もただちに動き出す。ガダルカナル島のヘンダーソン飛行場から、航続力の長い米陸軍航空隊のP38ライトニング戦闘機十六機を出撃させた。そのうち四機が攻撃を務める「アタック・フライト(キラーチーム)」と呼ばれ、そのほかの十二機は「カバー・フライト」と呼ばれる援護用だった。

攻撃隊の指揮官であるジョン・ミッチェル陸軍少佐は、山本の行動予定を秒刻みで分析していたという。敵機と接する時刻が五分でもずれてしまえば、燃料不足となり、攻撃は不可能となるためだった。

やがてアメリカ軍の攻撃隊は、山本一行の編隊を捕捉。激しい銃撃を受けた山本機は、わずか四分ほどの戦闘で、ブーゲンビル島のジャングルへと墜落していった。一番機は、山本を含む搭乗者十一名全員が死亡。二番機も海に墜落したが、宇垣参謀長ほか二名が助かった。

翌十九日、捜索隊が墜落機を発見した。山本は座席に座り、軍刀を左手で握り右手を添えた状態で亡くなっていたという。享年五十九であった。

山本の遺体はブインで火葬された。その後、遺骨は旗艦「武蔵」で運ばれ、五月二十一日東京湾に入り帰国を果たす。

連合艦隊司令長官の戦死は、国民に大きな衝撃を与えた。そのため、山本の死は一か月以上秘匿され、五月二十一日になって、ようやく公表された。山本は死後すぐに海軍元帥となり、連合艦隊司令長官には山本の盟友である古賀峯一が親補された。古賀は四月二十五日に「武蔵」に着任していたが、その事実もこの日になって初めて発表された。

六月五日、山本の国葬が日比谷公園で執り行われた。葬儀委員長は米内光政。皇族・華族以外で、国葬とされたのは終戦までは山本だけであった。

公表に先立ち、山本の家族に戦死を伝えたのは堀悌吉だった。堀はなかなか切り出せず、五月十九日の二度目の訪問でようやく礼子夫人に話せたという。

## （二）山本が遺したもの

### 堀に託した重要書類

山本の遺骨が戦艦「武蔵」により帰還した際、横須賀の桟橋で出迎えた堀は、特別列車に同乗して東京駅に向かった。その車中で堀は、機関参謀磯部太郎大佐から紙包みを渡された。その中には遺髪とともに、山本が最期に詠んだ歌が入っていた（昭和十八年四月三日付）。

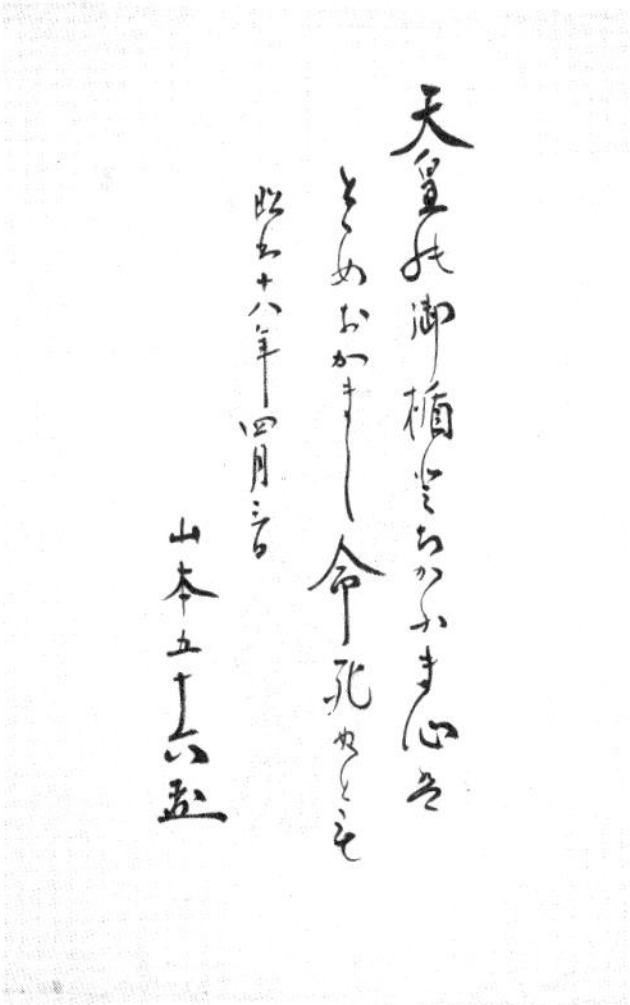

山本が遺した歌
（昭和十八年四月三日付、大分県立先哲史料館寄託）

天皇《おおきみ》の御楯とちかふま心は
　とゝめおかまし命死ぬとも

大分県立先哲史料館の堀の遺品のなかに、この歌箋と、封筒に入れた短い髪の毛が見つかった。この髪の毛は、山本の写真を入れた額の中から出てきたという。その表にはフランス語で「cheveux coupés（切った髪の毛）」と書かれていた。

また、山本がラバウルに赴く前に、堀に託した封筒があった。そこにはこう記されている。

要書類

海軍次官金庫ニ保管願之度

必要ト認メラレタル場合ニハ堀悌吉中将立合デ開封ヲ乞フ

昭和十八年（一九四三）五月十八日、堀の立ち合いのもと、澤本頼雄海軍次官室で封筒は開封された。内容確認後、またしばらく金庫に戻されていたが、澤本次官が更迭された際に堀に手渡されたという。

当時、海軍軍人の重要書類は、死後に焼却されることが多かった。しかし、山本はすでに死を覚悟していたのか、自らの重要書類を堀に託していたのだ。封筒の中には、先述の三国同盟に反対した山本の思いを記した「述志」、開戦の日の「述志」、真珠湾攻撃作戦の

「戦備訓練作戦方針等ノ件　覚」などがあった。

堀は、山本から託されたこれらの資料を革製のトランクに詰め、帝国銀行の地下金庫室に預けて秘匿した。堀はその理由を『五峯録』のなかで次のように説明している。

布哇作戦の敵主力奇襲は誰がやったかにつき、根本の作戦計画責任者は軍令部総長であって、実施当事者は連合艦隊司令長官であると云う様なことが当時言はれて居た。又某氏が山本長官の意を承けて計画したものであると云うことをも聞いた。斯様の場合に此の覚書を発表するとすれば、山本長官が布哇作戦の創意者であり主唱者であると云ふことになって、或は布哇作戦は自分等の干与したものであるとか、又は自分の発案によるとか言って得意になって居る人々に、何だか妙な気持を起させる様な結果になるかも知れないが、左様のことは故人の素志に背くものではなからうかと懸念せられた。

山本が古賀宛てに書いた、先述した手紙の中で、「（海軍）部内幹部の技倆識見等に対し寂寞を感ぜしめらるる次第」とは、こういう人々の存在もあったと思われる。

## 古賀長官の最期

山本のあとを継いだ古賀峯一長官は、『五峯録』の峯の字の人物である。戦前には対米英仏協調の軍縮路線を推進してきた一方、「軍令部畑」育ちで軍令部次長まで務めた人でもあった。したがって、長官在任中は戦略的に守勢作戦を採り、海軍の伝統的な「漸減邀撃作戦」による戦艦主体の洋上艦隊決戦の機会を模索していた。

その古賀は、次のような手紙を堀宛てに書いている（昭和十八年十二月十日付）。

ソロモン・ニューギニアの様な大きな島では何としても陸軍が本気でやって呉れぬと艦隊だけでは何ともならぬ。（……）「アルメー（陸軍）」は依然本気でない（……）「アルメー」の飛行機は殆んど飛べるを聞かぬ。「マリーヌ（海軍）」一手で敵の陸海軍機を引受けて居る、（……）「アルメー」の飛行機が実戦に出ないなら人も物資も海軍に渡すべし（……）一笑には出来ぬ心理状態也。

また、別の書簡ではこう語る（昭和十九年一月十一日付）。

戦ひは航空戦の如何によって定まる事亦常識の通に候、我航空戦力をも少し修正増加して呉れゝば何もかも大に楽に可相成候（……）海軍航空独り第一線に立ち米の陸海軍飛行機と英の飛行機を一手に引受け居る所に無理あり。我国の資材と人の1／2を取って居る陸軍飛行機は殆んど飛ばず戦わず、東条（総理・陸相）も杉山（参謀総長）も真相は知らぬ？と思はる（……）新聞紙上でのみ戦いつゝあるアルメー（陸軍）は嘗って三国同盟を強要し強硬外交を強行せし張本人なり（……）

航空戦が主戦であることを、次第に古賀長官も強く意識し、一向に前線の航空戦力を増強して来ない陸海軍中央へ苛立つ様子が見て取れる。また、戦前は強硬なことを言っていた人々が、いざ戦場に来ると真面目に戦わないことへの怒りが表れている。

古賀連合艦隊司令部は、主力戦艦部隊の艦隊決戦を求めて出撃を行ったものの、結局米艦隊を捕捉できずに空振りとなり、貴重な燃料をさらに逼迫《ひっぱく》させることになった。長官就任からほぼ一年後の昭和十九年（一九四四）三月三十一日、搭乗した大型飛行艇が、低気圧に巻き込まれて行方不明となり、古賀長官は殉職してしまった。

## 終戦への道程と「特攻」

昭和十九年（一九四四）になると、マリアナ沖海戦、レイテ沖海戦と相次いで連合艦隊は惨敗を喫し、壊滅的な打撃をこうむった。海軍航空隊は大西瀧治郎中将の指揮で、ついに敵艦に体当たりをする特別攻撃、いわゆる「特攻作戦」に踏み切る。

昭和二十年（一九四五）四月七日には、かつて連合艦隊旗艦であり、日本海軍が誇った巨大戦艦「大和」も水上特攻隊として沖縄に向けて出撃、坊ノ岬沖海戦でアメリカ海軍航空部隊の攻撃を受け撃沈された。「武蔵」は先にレイテ沖海戦でシブヤン海に沈んでいた。

東京をはじめとする全国各都市が空襲され、沖縄戦、広島・長崎への原爆投下、ソ連の参戦があり、昭和二十年八月十五日、ついに日本はポツダム宣言を受諾して敗戦。日本は、マッカーサー元帥が率いる連合国軍最高司令官総司令部（ＧＨＱ）の占領時代を迎える。

## 山本をどう見るか

この戦争へと向かった時代において、堀や山本は一体どのような存在だったのだろうか。

相澤淳氏は、なぜ日米開戦が起きたのかを考えるうえで、山本がキーパーソンになると見ている。

▼相澤淳氏

「アメリカの力も知っていて、手ごわいということも知っている。しかし、その山本五十六が、いざ戦争になったら、最終的には連合艦隊司令長官として指揮していく。この合理と不合理の両方を山本五十六という人は体現している。悩みや問題点を認識しつつ、戦争に入って行った人物として、非常に重要だと思う。

山本五十六に対する見方では、あるポイントや思惑だけを捉えて、すごくいいことを言う人がいるかと思うと、あるポイントを捉えて批判する人もいる。まだ評価が定まっていない。日本が何でアメリカと戦争をすることになったのかということを考えるうえで、山本五十六がどう考え、どう対応していったのかを見ることは重要です。山本五十六が、一番のキーパーソンではないかと私は思っている」

一方で、工藤美知尋氏は、信念に反して日米開戦を避けられなかった五十六の無念さに思いを馳せる。

▼工藤美知尋氏

「私は、日米戦争が必然だったとは到底思わない。知恵があったり、勇気があったり、あるいは日本国民がもっと大人になってリベラルな世論がまだ形成されていれば、避けられた道は山ほどあったのではないかと思うんです。しかし、それが一つ一つなかった。このあたりに、当時の、あるいはこれからの日本国民が考えるべきところがあるのではないかと思います。

山本五十六も堀悌吉も、日米戦争を望んだわけではない。日米戦争にならないように、必死に避戦をやろうとしたのですが、時代の波、あるいは海軍省のさまざまな抗争のなかに、敗北してゆくんですね。それで、山本は連合艦隊司令長官としてその職責を全うし、戦死せざるを得なかった。やっぱり無念さがあると思いますね。

私は、もし堀悌吉や山梨勝之進が海軍大臣になっていたら、避戦はできたのではないかと考えております。三百万人の日本国民を死に追いやることはなかっただろうとも思います。そういった人たちを主流に残さなかった海軍は、やっぱり体質的に誤っていたんでしょうね」

## アメリカから見た山本

アメリカの専門家たちの目に、山本はどのように映るのだろうか。

ヴァンダービルド大学名誉教授で、元国防総省日本部長を務めた海軍士官出身のジェームズ・アワー氏は、山本について次のように語る。

### ▼ジェームズ・アワー氏

「山本提督については、(私が)より多くを知っているという理由かもしれませんが、彼の見方はもっとポジティブに、もっと尊敬されるべきものだと思います。彼は実に現実的でした。もし彼が選択をしていたなら、その選択は合衆国との戦争を始めることではなく、何らかの種類の調停を見いだすことだったでしょうね。

山本は非常に知的な男でした、そして彼はリアリストで国に忠実でした。であったからこそ、個人的に彼は疑いを持っていたにもかかわらず、アメリカとの戦争がもし始まったら、日本海軍がどのように進むべきであるかについて考えていた。そのことについては、私は少しも驚きは感じません。今後時間が経てば経つほど、山本提督の評価は、よりいっそう肯定的になると思います」

米海軍大学校教授のジョン・ハッテンドルフ氏も、極めて肯定的に山本を見ている。

**▼ジョン・ハッテンドルフ氏**

「山本は明らかに非常に有能なリーダーで、海軍の歴史の偉大なリーダーの一人です。われわれはさらに多くを学ぶ必要があります。私は英語で書かれた彼の伝記をいくつか読みましたが、彼についての新しい洞察と新しい仕事がなされることを楽しみにしています。

彼は偉大な海軍のプロフェッショナルでしたし、われわれは彼から学ぶべきです。われわれが憎むであろう人物としてではなく、もっと良く彼を理解するために。当時彼がどのように働いたか、彼の考え方を自分たちのものと比べてね。それが、歴史の重要な意味(point of history)だと思います。歴史を振り返ることです」

## (三) 堀悌吉の戦後

### 秘匿された文書

昭和二十一年(一九四六)五月三日から、日本の戦争犯罪人を裁く東京裁判(極東国際軍事裁判)が開廷した。日本の政治家、軍人など指導者層が国際法違反、あるいは「平和に対する罪」によって、戦争犯罪人(戦犯)として裁かれることとなった。

当然、真珠湾攻撃の責任者が誰であったのかも、追及されることになる。堀は、山本の責任が問われ、その名誉が安易に汚されないように、山本から託された書類を隠し続けた。『五峯録』には、戦後秘匿していた理由について次のように書かれていた。

終戦後世の中が混乱して居たあの際に、うっかりこれが世に出ると山本は主戦論の急先鋒たりとの誤解を招く虞《おそ》れがあるのみならず、山本は真珠湾不信攻撃の張本人だとして、一切の責任を転嫁せられる虞れがある。而も之は一年も前から既に企んで居たのではないかと云ふ言掛かりをさえ与へる。それで世の中が少し鎮まるまでは、迂闊に外に出せないと考へた。

「故人の信義に応ふるの道」

東京裁判は昭和二十三年（一九四八）十一月十二日まで続いた。そして「平和に対する罪」の被告人のうち、精神障害で訴追を免除された大川周明、そして判決前に病死した永野修身、松岡洋右を除いて全員が有罪判決を受けた。絞首刑となったのは七名、終身刑となったのは十六名、そして二名が有期禁固刑となり、裁判は終了した。

昭和二十七年（一九五二）四月、前年九月に署名されたサンフランシスコ平和条約が発効し、GHQによる日本占領も終了。日本は七年ぶりに独立を果たした。

堀は、それまで秘匿してきた資料をもとに、山本の真意を世に伝えようと思い立つ。そして堀は、一冊の記録を纏めることになる。それが、本書でしばしば言及し、引用してきた『五峯録』である。そこに次のような一節がある。

元来此の書類は筆者、自分に宛てて残されたものである。そして故人（山本）は、故人の真意を先づ自分に伝へ置かんが為に、書き残したものに相違ないと信ずる。

（……）これが世に出て人に読まれるとき、少しでも故人の真意が誤り解せられ、それがため故人に迷惑がかかるやうなことがあっては、自分としては甚だ相済まぬことになる。此の信念の下に自分は一旦之を自分に取り入れて、それを人に伝ふることが故人の信義に応ふるの道だと考へる。

故人、すなわち山本の信義と真意に応え、それを正確に伝えるために、堀は『五峯録』を残したのである。

## 山本と堀の苦悩と友情

山本五十六と堀悌吉の交流は、江田島の海軍兵学校で同期生として出会ってから、四十有余年の歳月を数えた。戦争に向かう激流の中で、二人の運命は大きく変転していった。海軍を追われた堀は、山本の世話もあって、軍事関係の民間企業に転じ、経営者として働きながらも、海軍の中で苦闘する山本の苦悩を受け止めてきた。

山本は、自らが反対していた三国同盟を結局阻止することができず、その国力を畏敬していたアメリカとの戦争で、陣頭指揮を執らざるを得なくなり、最後は戦場に散った。

堀は昭和三十四年（一九五九）に亡くなるが、戦後になっても、山本についてあまり語ることはなかったという。しかし『五峯録』や「堀悌吉自伝ノート」にはしっかり書き残していた。それは、いつか山本や古賀が広く正しく理解されるであろうという、友としての願いと矜持だったのであろうか。

『五峯録』の中で、堀は山本の真意を次のように結んでいる。

対外強硬論を疾呼して空威張りをするやうな言動を好まざりし事。日独接近、三国同盟には身命を賭して反対したりし事。対米英戦争に就ては、大義名分の上より、及、国家安危の顧慮上よりして根本的に反対したりし事。衷心より時局の平和解決を熱望したりし事。（……）艦隊司令長官としては、国家の要求ある時には、仮令《たとい》個人としての意見と正反対なりとするも、勝敗を顧慮することなく最善をつくして、其の本務に一途邁進すべきものなりとなせる事。

遺された手紙は、戦争の時代を生きた二人の男の苦悩と友情、そして山本五十六の真実を今に伝えている。

# 関連年表

| | 山本五十六関連 | 情勢 |
|---|---|---|
| 一八八三（明治十六） | 八月、矢野（堀）悌吉が大分に生まれる | |
| 一八八四（明治十七） | 四月、高野（山本）五十六が長岡に生まれる | |
| 一八九三（明治二十六） | 悌吉が堀家の養子となる | |
| 一九〇一（明治三十四） | 十二月、山本と堀が海軍兵学校に入校（三十二期）。入校時の成績は山本が二位、堀が三位 | |
| 一九〇四（明治三十七） | 十一月、山本と堀が海軍兵学校を卒業。卒業時の成績は山本が十一位、堀が一位 | 二月、日露戦争勃発 |
| 一九〇五（明治三十八） | 五月、山本と堀が少尉候補生として日本海海戦に従軍 | 九月、ポーツマス条約調印 |
| 一九〇七（明治四十） | 二月、堀が初の欧米渡航に出発。山本と堀が海軍砲術学校に入校（山本が八月、堀が十二月）。十二月、山本が海軍水雷学校に入校 | |

| | | |
|---|---|---|
| 一九〇八（明治四十一） | 四月、堀が海軍水雷学校に入校 | |
| 一九〇九（明治四十二） | 十二月、堀が海軍大学校に乙種学生として入校 | |
| 一九一〇（明治四十三） | 十二月、山本が海軍大学校に乙種学生として入校 | |
| 一九一一（明治四十四） | 十一月、堀が川村敬子と結婚 | |
| 一九一二（明治四十五） | 三月、堀の妻敬子が病死 | |
| 一九一三（大正二） | 一月、堀がフランス駐在を命じられる。山本の両親が死去 | |
| 一九一四（大正三） | 十二月、山本が海軍大学校に甲種学生として入校 | 六月、サラエボ事件。七月、第一次世界大戦勃発 |
| 一九一六（大正五） | 五月、堀がフランスから帰国。十二月、堀が海軍大学校に甲種学生として入校。五十六が長岡の山本家を相続 | |
| 一九一七（大正六） | | ロシア帝国崩壊 |
| 一九一八（大正七） | 五月、堀が山口千代子と結婚。八月、山本が三橋礼子と結婚。 | |

| | | |
|---|---|---|
| 一九一九（大正八） | 四月、山本がアメリカ駐在を命じられる | 六月、ベルサイユ条約調印、国際連盟発足 |
| 一九二一（大正十） | 七月、山本がアメリカから帰国。九月、堀がワシントン会議随員を命じられる | 十一月、ワシントン海軍軍縮会議はじまる |
| 一九二六（大正十五） | 一月、山本が再度アメリカ駐在を命じられ出発。二月、堀がパリに赴任 | |
| 一九二七（昭和二） | 四月、堀がジュネーブ会議随員を命じられる | 六月、ジュネーブ海軍軍縮会議はじまる |
| 一九二八（昭和三） | 三月、山本がアメリカから帰国 | |
| 一九二九（昭和四） | 九月、堀が海軍省軍務局長に就任。十一月、山本がロンドン会議随員を命じられる | |
| 一九三〇（昭和五） | 十二月、山本が海軍航空本部技術部長に就任 | 一月、ロンドン海軍軍縮会議はじまる |
| 一九三一（昭和六） | 十二月、大角岑生が海軍大臣に就任、堀が第三戦隊司令官に就任 | 九月、柳条湖事件、満州事変 |
| 一九三二（昭和七） | 二月、伏見宮博恭王が海軍軍令部の軍令部長に就任 | 一月、第一次上海事件。三月、満州国が建国宣言。十月、国際連盟がリットン報告書を日本政府に通達 |
| 一九三三（昭和八） | 三月、山梨勝之進が予備役に編入（大角人 | 一月、ヒトラーがドイツ首相に就任。三月、 |

| | | |
|---|---|---|
| | 事はじまる）。十月、山本が第一航空戦隊司令官に就任 | 日本が国際連盟脱退を表明 |
| 一九三四（昭和九） | 九月、山本が第二次ロンドン海軍軍縮会議予備交渉の首席代表を命じられる。十二月、堀が予備役に編入 | |
| 一九三五（昭和十） | 十二月、山本が海軍航空本部長に就任 | 十二月、第二次ロンドン軍縮会議はじまる |
| 一九三六（昭和十一） | 十二月、山本が海軍次官に就任 | 十一月、日独防共協定調印 |
| 一九三七（昭和十二） | | 七月、盧溝橋事件（日中戦争はじまる）。八月、第二次上海事変 |
| 一九三九（昭和十四） | 八月、山本が連合艦隊司令長官兼第一艦隊司令長官に就任。五月、山本が「述志」を書く | 五月、ノモンハン事件。八月、独ソ不可侵条約調印。九月、ドイツ軍がポーランド侵攻（第二次世界大戦はじまる） |
| 一九四〇（昭和十五） | 十一月、山本が真珠湾作戦の計画を及川海相に具申 | 九月、日本軍が北部仏印に進駐、日独伊三国同盟調印 |
| 一九四一（昭和十六） | 十二月、山本が開戦時の「述志」を書く | 七月、日本軍が南部仏印に進駐。十一月、アメリカ政府がハル・ノートを提議。十二月、真珠湾攻撃（太平洋戦争はじまる）、マレー沖海戦、ニミッツが太平洋艦隊司令長官に就任 |

| | | |
|---|---|---|
| 一九四二（昭和十七） | 六月、山本が南雲宛ての書簡を書く | 二月、スラバヤ沖海戦。三月、バタビヤ沖海戦。四月、ドーリットル空襲。五月、珊瑚海海戦。六月、ミッドウェー海戦。八月、アメリカ軍がガダルカナル島上陸 |
| 一九四三（昭和十八） | 三月、山本から堀に宛てて最後の手紙が書かれる。四月、山本がブーゲンブルにて戦死（享年五十九）。六月、山本の国葬 | 二月、日本軍がガダルカナル島撤退開始。五月、アメリカ軍がアッツ島上陸 |
| 一九四四（昭和十九） | 三月、古賀峯一連合艦隊司令長官が殉職 | 六月、マリアナ沖海戦。十月、レイテ沖海戦 |
| 一九四五（昭和二十） | | 二月、アメリカ軍が硫黄島上陸。三月、東京大空襲。四月、アメリカ軍が沖縄本島に上陸、坊ノ岬沖海戦にて戦艦「大和」が撃沈。五月、ドイツ軍が無条件降伏。八月、広島・長崎への原爆投下、日本がポツダム宣言を受諾 |
| 一九四六（昭和二十一） | | 東京裁判（極東国際軍事裁判）はじまる |
| 一九五二（昭和二十七） | 堀が『五峯録』をまとめる | |
| 一九五九（昭和三十四） | 堀が病没（享年七十六） | |

# 主な参考文献

相澤淳『海軍の選択――再考真珠湾への道』中央公論新社、二〇〇二年
井口武夫『開戦神話――対米通告を遅らせたのは誰か』中央公論新社、二〇一一年
石川信吾『真珠湾までの経緯――開戦の真相』時事通信社、一九六〇年
市來俊男『真珠湾奇襲攻撃70年目の真実――元海軍大尉の実戦回想録』新人物往来社、二〇一〇年
井上成美伝記刊行会編『井上成美』井上成美伝記刊行会、一九八二年
岩間敏『石油で読み解く「完敗の太平洋戦争」』朝日新聞社、二〇〇七年
ＮＨＫ取材班編著『ＮＨＫスペシャル　日本人はなぜ戦争へと向かったのか　戦中編』ＮＨＫ出版、二〇一一年
大井篤『統帥乱れて――北部仏印進駐事件の回想』毎日新聞社、一九八四年
海軍史研究会編『日本海軍史の研究』吉川弘文館、二〇一四年
草鹿龍之介『連合艦隊の栄光と終焉』行政通信社、一九七二年
工藤美知尋『日本海軍と太平洋戦争（上・下）』南窓社、一九八二―八四年
栗原俊雄『戦艦大和――生還者たちの証言から』岩波書店、二〇〇七年
斎藤充功『日米開戦五十年目の真実――御前会議はカク決定ス』時事通信社、一九九一年
実松譲『情報戦争』図書出版社、一九七二年

新人物往来社編『追悼山本五十六――昭和18年9月25日発行『水交会記事』より』新人物往来社、二〇一〇年
新名丈夫編『海軍戦争検討会議記録――太平洋戦争開戦の経緯』毎日新聞社、一九七六年
水交会編『帝国海軍提督達の遺稿――小柳資料（上・下）』水交会、二〇一〇年
杉本健『海軍の昭和史――提督と新聞記者』文藝春秋、一九八二年
関静雄『ロンドン海軍条約成立史――昭和動乱の序曲』ミネルヴァ書房、二〇〇七年
反町栄一『人間山本五十六（上・下）』光和堂、一九五六―五七年
高木惣吉『山本五十六と米内光政』光人社、一九八二年
田中宏巳『山本五十六』吉川弘文館、二〇一〇年
千早正隆『日本海軍の驕り症候群』プレジデント社、一九九〇年
イアン・トール『太平洋の試練――真珠湾からミッドウェイまで』村上和久訳、文藝春秋、二〇一三年
鳥居民『山本五十六の乾坤一擲』文藝春秋、二〇一〇年
C・W・ニミッツ、E・B・ポッター『ニミッツの太平洋海戦史』実松譲、富永謙吾訳、恒文社、一九六二年
西浦進『昭和戦争史の証言 日本陸軍終焉の真実』日本経済新聞出版社、二〇一三年
野村実『山本五十六再考』中央公論社、一九九六年
芳賀徹ほか、大分県立先哲史料館編『堀悌吉』大分県教育委員会、二〇〇九年
波多野澄雄『幕僚たちの真珠湾』吉川弘文館、二〇一三年
原勝洋、北村新三『暗号に敗れた日本――太平洋戦争の明暗を分けた米軍の暗号解読』ＰＨＰ研究所、二〇一四年

春山和典『海軍散華の美学』月刊ペン社、一九七二年
半藤一利『聯合艦隊司令長官山本五十六』文藝春秋、二〇一一年
福留繁『史観・真珠湾攻撃』自由アジア社、一九五五年
淵田美津雄『真珠湾攻撃』河出書房新社、一九七五年
保阪正康『陸軍省軍務局と日米開戦』中央公論社、一九八九年
三和多美『海軍の家族――山本五十六元帥と父三和義勇と私たち』文藝春秋、二〇一一年
森史朗『ミッドウェー海戦（第一部・第二部）』新潮社、二〇一二年
吉田裕、森茂樹『戦争の日本史23　アジア・太平洋戦争』吉川弘文館、二〇〇七年
山本親雄『大本営海軍部』朝日ソノラマ、一九八二年
エドウィン・T・レートン『太平洋戦争暗号作戦――アメリカ太平洋艦隊情報参謀の証言（上・下）』毎日新聞外信グループ訳、TBSブリタニカ、一九八七年
戦史叢書『海軍軍戦備（1）（2）』『大本営海軍部大東亜戦争開戦経緯（1）（2）』『大本営海軍部・聯合艦隊（1）（2）』『海軍航空概史』『ハワイ作戦』『ミッドウェー海戦』朝雲新聞社

※書簡等の資料引用にあたっては旧漢字を新漢字に改め、ルビについては特に難読と思われるものに施した。また、読みやすさを考慮してカナ表記は一部ひらがなに改め、適宜句読点を付した。

# おわりに

本書は、二〇一四年八月一一日に放送した「BS1スペシャル　山本五十六の真実」を出版化したものである。前後編あわせて百分という長尺の番組であったが、幸い好評で、オンデマンドでも上位にランクされ、二〇一五年正月にもアンコール放送された。

三年ほど前、山本五十六の没後七〇年を前に、その生涯をドキュメンタリーにしたいというお話が、番組制作会社・グループアンダリンの小川道幸さんからあった。このとき、正直の所、「山本五十六はいままで戦記や映画でやり尽くされており、果たして新しい情報があるのか」という疑問が真っ先に浮かんだ。

その後、この企画を熱心に調べておられ、本書の執筆者である渡邊裕鴻さんと中富智美さんのお話を伺い、山本の盟友、堀悌吉の未公開資料があることを知った。堀悌吉の『五峯録』は有名であるが、その元になった山本の書簡、報告書が堀家の蔵から見つかったと聞いて私の関心はにわかに高まった。

さらに学生時代、フランス語を教わった芳賀徹先生の労作『堀悌吉』を読み、堀が独自の不戦論を唱えた異色の軍人であり、太平洋戦争へと向かう時代の激流のなか、海軍を追われた悲運の人であることに心ひかれた。

番組の企画を通すと同時に、二〇一四年二月、小川、渡邊両氏とともに大分先哲史料館で開かれた展覧会に足を運んだ。そこで眼にした数々の資料、几帳面な文字。堀悌吉は稀に見る記録魔であった。フランスで購入した蔵書を眼にして、幅広い教養と国際感覚を持っていたことに驚きを禁じ得なかった。そんな堀の識見を活かせず、なぜ、日本は戦争への道を選んだのか。そして志を同じくした友、山本が日米戦争の最前線に立っていく姿を堀はどのように見つめていたのか。堀を通して山本を描いていくことは現代的な意義があり、二人の友情は視聴者の心を打つ人間ドラマになる。私たちはそう確信した。

史料館でお目にかかった、堀と同郷で元・海上自衛隊海上幕僚長の古庄幸一氏も、同じ思いだった。古庄氏を通して、取材には、海上自衛隊が全面協力してくださることになった。ロケではミッドウェーの洋上慰霊祭に向かう練習艦隊に同行取材を許され、江田島の幹部候補生学校の日常も撮影することが出来た。

番組ではもう一つ、アメリカから見た山本五十六像に力点を置いた。今回、日米の識者に多くのインタビューを試みたが、番組ではごく一部しか紹介できなかった。こうしたインタビューはもとより、堀悌吉の資料をできるだけ本書に収載するようにした。

朗読は坂東三津五郎さんにお願いした。映画「聯合艦隊司令長官　山本五十六」で堀悌吉役を演じた坂東さんは、堀の人物像をよく勉強、理解されていた。二〇一四年夏、病から復帰されたばかりだったが、思いのこもった朗読は番組の心棒となった。坂東さんは、惜しくも今年二月に山本と同じ五十九歳でなくなられた。ご冥福をお祈りしたい。

本文にご登場いただいた方々の他に、水交会、秦郁彦さん、阿川尚之さん、平塚柾緒さん、森山康平さんほか、多くの研究者にお世話になった。

最後に、ともすれば難しくなりがちな原稿を平易な表現になるよう督励し続けてくれたＮＨＫ出版　放送・学芸図書編集部の粕谷昭大さんに御礼申し上げたい。

二〇一五年五月一三日

ＮＨＫ大型企画開発センター　エグゼクティブ・プロデューサー　塩田純

編集協力　安田清人
校閲　大河原晶子
DTP　角谷剛

NHK取材班
2014年に初めて公開された堀悌吉資料をもとに、
「BS1スペシャル 山本五十六の真実」を制作。
番組の責任者は、
塩田純(NHK大型企画開発センター エグゼクティブ・プロデューサー)、
井上律(NHKエデュケーショナル特集文化部専任部長)。

渡邊裕鴻 わたなべ・ゆうこう
1957年、三重県生まれ。
海軍史家、日本海軍戦史戦略研究所(JINHS)副所長。
今回の番組を企画し、ディレクターとして取材にあたった。
本書の主な執筆を担当。
寄稿に「山本元帥の政戦略とミッドウェー海戦」(『水交』)など。

NHK出版新書 462

山本五十六 戦後70年の真実
2015年6月10日 第1刷発行
2022年1月25日 第4刷発行

著者 NHK取材班
渡邊裕鴻 

発行者 土井成紀

発行所 NHK出版
〒150-8081東京都渋谷区宇田川町41-1
電話 (0570) 009-321(問い合わせ) (0570) 000-321(注文)
http://www.nhk-book.co.jp (ホームページ)
振替 00110-1-49701

ブックデザイン albireo

印刷 壮光舎印刷・近代美術

製本 ブックアート


Printed in Japan ISBN978-4-14-088462-1 C0221

# NHK出版新書好評既刊

## 稼ぐまちが地方を変える
誰も言わなかった10の鉄則
木下 斉
スローガンだけの「地方創生」はもういらない。稼ぐ民間が、まちを、公共を変える！ 地域ビジネスで利益を生むための知恵を10の鉄則にして伝授。
460

## 火山入門
日本誕生から破局噴火まで
島村英紀
列島誕生から東日本大震災を超える被害をもたらす超巨大噴火の可能性まで、日本人が知っておきたい「足下」の驚異を碩学がわかりやすく説く。
461

## 21世紀の自由論
「優しいリアリズム」の時代へ
佐々木俊尚
リベラル、保守、欧米の政治哲学を整理し、「優しいリアリズム」や「非自由」だが幸せな在り方を考える。ネットの議論を牽引する著者が挑む新境地！
459

## 山本五十六
戦後70年の真実
NHK取材班
渡邊裕鴻
日米開戦に反対しながらも、真珠湾作戦を立案した男――。親友が保管していた初公開資料と日米専門家への取材から、その生涯を解きあかす。
462

## ザ・プラットフォーム
IT企業はなぜ世界を変えるのか？
尾原和啓
アップル、グーグル、フェイスブック……今や国家や社会の基盤に成長した超国家的IT企業を動かす基本原理は何か？
463